サクッとわかる

# 行動経済学

ビジネス教養

阿部誠 監修
東京大学　教授

新星出版社

# はじめに

Introduction

## 人間の持つ非合理な一面に着目した「行動経済学」は消費行動に関わるすべての人の役に立つ

こうして筆をとっている2021年3月現在、世界中で新型コロナウイルスが猛威をふるい、収束の兆しは見えていません。「自粛」や「巣篭もり」といったワードがニュースを席巻する状況で、われわれ消費者の経済活動は冷え込みました。特に日本においては、本来であれば巨額の経済効果を生み出すと予想された東京五輪が延期に。このような非常に暗いニュースばかりで、世の中全体が異様な雰囲気に包まれていると言わざるを得ません。

ミクロな視点に切り替えてみると、企業の利益の低下によって賃金が下がったりボーナスをカットされたりしたビジネスパーソンや、休業要請に従って売上がゼロになり、毎月のように赤字を計上している中小企業事業者など、生活を左右するレベルで厳しい状況に直面している人々が大勢います。このように、手元の「お金」が少なくなっている状況下では、1円たりとも無駄にはできません。改めてお金の使い方を見直す必要があると考えます。

私は、本書で扱う「行動経済学」がその一助となることを願ってやみません。

これまでの、いわゆる伝統的な経済学とは異なり、実際の消費者の行動から理論を形成するこの学問では、人間の持つ「非合理的」な部分にフォーカスしています。自分自身の非合理的な側面を知ることは、ひいては無駄遣いを減らしたり、**不必要な消費をおさえたりする**ことにつながるのではないでしょうか。

もちろん、消費者の行動をよく理解することで、**マーケティングの質も大きく変わります**。

一方で、行動経済学が役に立つのは、消費行動に限った話ではありません。このコロナ禍においても、行政や企業から注目を集めています。たとえば、ヒジで小突くようにして他人に行動を促す**「ナッジ」という理論は、人々の密集を防ぐためのキャンペーンに有効活用されている**ようです。

消費する側とされる側の両者にメリットを与え得る――つまり、誰もが役立てられる可能性を持つのが行動経済学です。そんな学問を取り扱う本書が、1人でも多くの読者の役に立つことを心から願っています。

阿部誠

目次 CONTENTS

## 第3章 意思決定の仕組み　プロスペクト理論

STAFF

デザイン ／ 鈴木大輔・仲條世菜（ソウルデザイン）　イラスト ／ 松尾達
DTP ／ 高八重子　企画 ／ 千葉慶博（KWC）
編集 ／ 木原綜佑・小山まぐま（KWC）　編集協力 ／ 藤田健児

# 「お金」が関わる場面で

### たとえば…

## CMに踊らされる

自分の好みのタレントが
出演するテレビ CM を見ると、
自分には必要が
なさそうな商品でも、
購入意欲が湧いてきます。

私たちの日々の生活は、意思決定の連続です。特に、お金に関する意思決定は、誰もが大切なものだととらえていることでしょう。

しかし、お金が関係する場面において私たちは常に、将来のことも考えた合理的な選択ができているといえるでしょうか。つい衝動買いをしたり、よく考えて行動したつもりでも投資やギャンブルでお金を失ったりして、後悔してしまうことがあるはずです。

後悔する機会をできるだけ減らすためにはまず、人間の意思決定のくせを知っておく必要があります。

たとえば…

## レジ横の商品を手に取る

スーパーで会計待ちの列に並んでいると、レジの横に陳列されている乾電池やスナック菓子を思わずカゴに入れてしまいます。

つい・・・
EXPE
C
訳アリ…！
限定カラー！
2000万台突破!!

# あなたは最適な選択ができていますか？

たとえば…

## 衝動買いをする

インターネット広告や通販番組で「訳アリ」や「限定」といった言葉に魅力を感じ、気がつけば商品を注文しています。

# 行動経済学を知って得られる3つのメリット

マーケティング

マネジメント

自己実現

人間が〝意思決定する時のくせ〟を知ることで、まず得られるのが、モノを売るときに必須となる「マーケティング」への深い理解。マーケティングは行動経済学の別称ともいわれており、ビジネスで大いに役立ちます。

　また、人間の行動の傾向がわかれば、人を良い方向に導くことができ、部下の「マネジメント」や、自分自身の「自己実現」にも有効に働きます。

　このように、行動経済学はさまざまな場面で応用できる学問なのです。

1

## マーケティング

意思決定のくせを知ることで、消費者が商品を買いたくなる心理を理解することができます。そうすれば、消費者心理に寄り添った、広告や販促の手段がおのずと見えてくるのです。

2

## マネジメント

同僚や部下を上手にマネジメントするのにも、行動経済学の理論が役立ちます。たとえば仕事を手伝ってもらう場合も、承諾を得やすい方法を知っていれば、引き受けてもらえる可能性が高くなります。

3

## 自己実現

もちろん、自分の行動を変えることもできます。目指すべき目標があるのに、つい目先の誘惑にとらわれてなかなかゴールにたどり着かないような人でも、なぜ誘惑に負けるのかを知ることで、対策を講じることができます。

第1章

基礎から学ぶ!

# 知って得する 行動経済学の考え方

この章では、行動経済学の成り立ちや、基本的な考え方について解説します。「行動経済学」とは、人間が必ずしも合理的に行動しないことに着目し、人間の心理的、感情的側面の現実に即した分析を行う経済学のこと。非常に実践的な理論が多く、政策にも活用されているほか、新型コロナウイルス対策の専門委員会のメンバーにも、日本の行動経済学の権威が任命されているほどです。

伝統的な経済学の考え方

人間は
合理的に行動する！

実際の経済行動に
当てはまらないことも！

なぜ？

▼

そこで生まれたのが

**心理学＋経済学**
**＝行動経済学！**

Theory 1

# 人は無意識のうちに〝動かされている〟!?

スーパーの
お会計待ち。
自然にマークに沿って
並んでいます。

間隔をあけて
並ばないとね
!
電池
スペシャル
価格!

## 主体的に動いているように見えて実は何も考えていない？

コンビニやスーパーで会計をする時、レジ前の床に描かれた矢印を目にすることがあります。コロナ禍では客同士の適切な距離を示す線も増えました。それらを見た私たちは、店の人に強制されなくても、長い行列ができていても、並んでいる人たちの後ろに立とうとし、前の人との距離を保とうとします。

でも、矢印や線がなかったらどうでしょう。誘導されることなく各自が勝手に考えて行動するので、割り込んだ、割り込んでいないといった言い争いになったり、密着状態になったりしかねません。つまり、矢印や線を見たことによって、私たちは店側の要望に沿った行動を、知らず知らずのうちに選択しているわけです。

このように、自分では主体的に行動しているつもりでも、実は**無意識のうちに何らかの情報や意図のもとに動かされてしまう**――それが私たち人間なのです。

レジの横に置いてある電池。つい手に取ってしまいがちですが、これも、人が無意識のうちに動かされている良い例です。

Theory 2

# 経済学的に"超合理的な行動"とは!?

ステキな
安いドレスを見つけ、
ダイエットに励む女性。
結婚式への参列を前に
準備を始めています。
ステキで安い！
でもサイズが…
フォーマルドレス
¥00000
あのドレス着るために
ウォー！！
やせるわよ〜！

## 伝統的な経済学によると人間は常に合理的な選択をする

人間が無意識に行動する時、判断の基準となるのが、過去の経験です。これまで自分が体験した成功や失敗、喜びや後悔、相場感といったものを頭の中で総合的に検討し、行動を決定しています。

これは、私たちがわざわざ考えることではなく、**脳が勝手に判断してくれる**場合がほとんどです。自動車の運転や会話中の相槌など、考える暇がないような時でも、脳のおかげで適した行動を取ることができるのです。

伝統的な経済学においては、人は理にかなった行動を取るという考え方を基本として理論を展開してきました。「**人間は常に超合理的、超自制的に意思決定し、行動するものである**」――これまでの伝統的な経済学はそう定義してきたのです。

つまり、さまざまな選択肢の中から瞬時に最も高い効用をもたらすものを選び（超合理的）、現在と将来の利益をはかりにかけたうえで、将来得られる利益が大きければそれを優先する（超自制的）と考えられてきたわけです。

たとえば、買い物も意思決定の1つです。結婚式で着るドレスを買う時、インターネットなどで比較検討すれば、最も安価で品質の良いものが手に入ります。そして、そのドレスのサイズに体型を合わせるためにダイエットしようと考えるのは、合理的な行動といえます。

このように、人間は**常に自分の利益を最大化する合理的な選択をする**という考え方が、伝統的な経済学の前提とされてきたのです。

Theory 3

# 人間は必ずしも合理的に行動しない

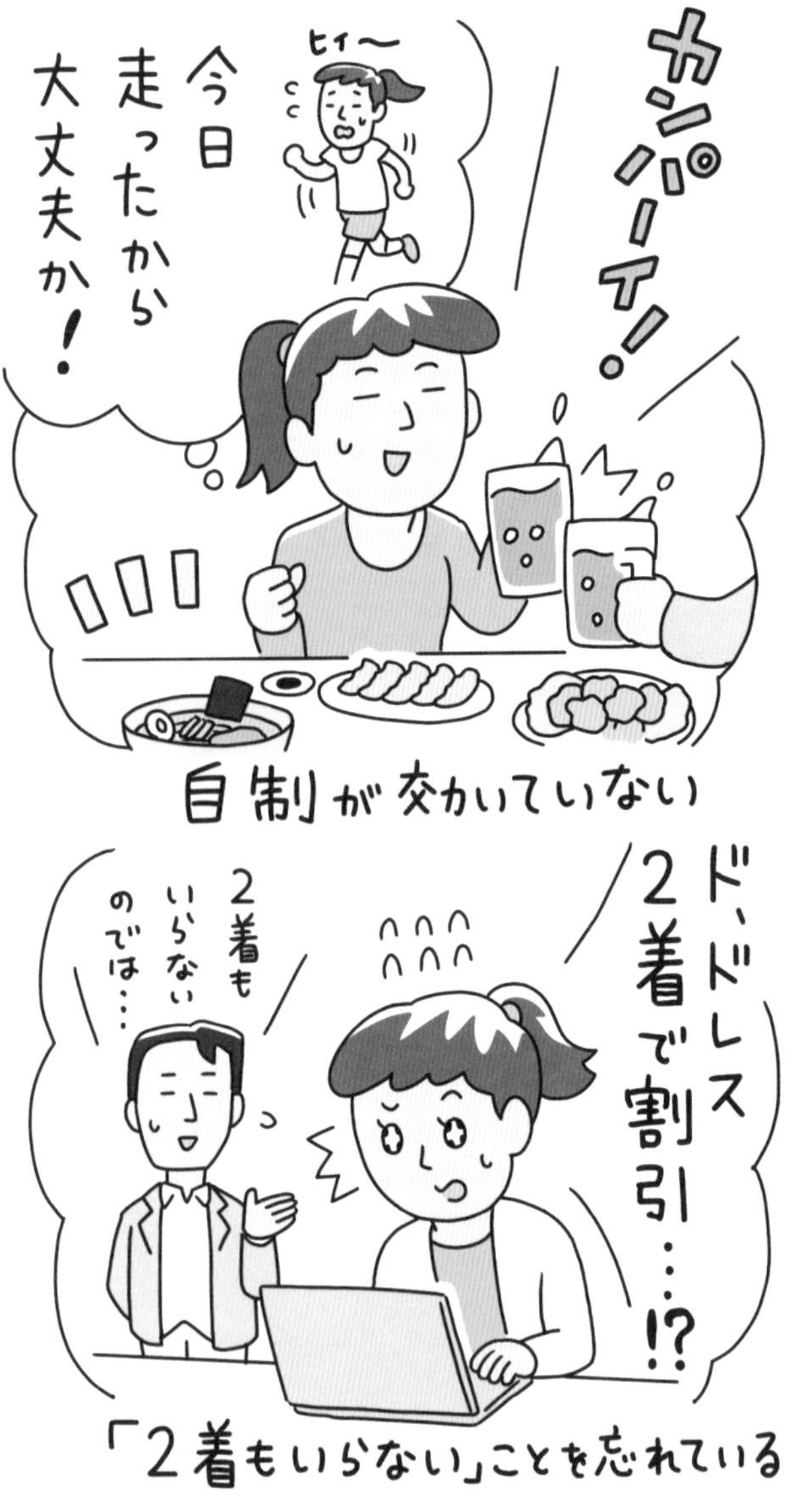

カンパーイ！
今日走ったから大丈夫か！
ヒィ〜
自制が効いていない
ド、ドレス2着で割引…!?
2着もいらないのでは…
「2着もいらない」ことを忘れている


お酒と食事を楽しんだうえに、
2着目のドレスに目がくらんでいます。
比較検討やランニングをした努力は
一体どこへ行ってしまったのでしょうか…

## 実際の人間は非合理的

　前節で、伝統的な経済学では「人間は合理的に行動すると定義されている」と述べました。しかし、本当にそうでしょうか。私たちは、常に意識的に合理性を追求しているのでしょうか。テスト勉強をしなければいけないのに、友だちと遊びに行ってしまったり、明日が締め切りの仕事を家に帰って仕上げるつもりが寝てしまったりという経験は、誰にでも思い当たる節があるはずです。

　結婚式への参列に向けて準備をしていた女性のケースでも同じことがいえます。1万5000円のドレスを買おうとしていたところ、「2着で1万9800円」という表示が目に入り、思わず2着買ってしまったというのはよくある話。また、「今日はたっぷり運動したから」と、ダイエット中なのに高カロリーの食事をしてしまうこともあるのです。

　価格が安くても、結婚式で着ることができるのは1着で、もう1着は不要ですから、この行動は伝統的な経済学が想定していた**合理的な行動とはいえません**。

　さらに、たくさん食べてしまえば、運動の効果が台無しになるのは自明。これも我慢が足りていない、つまり自制できていない行動であり、経済学の想定とはかけ離れています。

　このように、人間は時と場合によって非合理的な行動を取ることがあるのです。しかも、「**わかっているけど、できない**」というケースだけでなく、正しい（あるいはお得である）と信じて行った選択が、実は非合理的であったという場合も珍しくありません。

Theory 4

# 合理的を追い求めた経済学の限界

超自制的
利益のためには
ガマン…
超合理的
600ml
500ml
¥190
¥180
1mlあたり…
ホモ・エコノミカスくん
超利己的
自分がいちばん！

やりたいことがあっても我慢して、
商品の価値をこと細かに計算する。
そのうえ自分だけが良ければすべて良し。
これが伝統的な経済学の想定でした。

## 経済学の理想と食い違う私たち人間の現実

超合理的、超自制的であることに加えてもう1つ、「**超利己的**」な人間を伝統的な経済学は想定しています。

すなわち、意思決定にあたっては自分の利益しか考えず、自分が不利益を被らない限り、起こした行動によって他人が不幸になってもかまわないというわけです。自分勝手で反社会的な響きですが、経済の仕組みを考えれば理解できるはずです。日本のような資本主義国家では、みんなで平等に分ける共産主義と違って、自由競争が前提。企業は会社の利益を大きくするために、良い商品を作って売り、消費者はより安く、より良い商品を手に入れるために選り好みして、購入します。そこで生まれる需要と供給のバランスによって価格が決定し、市場が形成される。欲求の高い人はそれなりの労力を注ぎ込むので、企業も消費者も「自分のため」に努力すれば、結局は最適な状態になるはずなのです。

このように、超合理的、超自制的、超利己的の3つの行動原理によって意思決定する人間を、伝統的な経済学者たちは、「**ホモ・エコノミカス＝経済人**」と定義しました。

しかし、現実には人間は必ずしもそのようにふるまうわけではありません。最も効用（メリット）が高い商品ではないものを買うこともあるし、禁煙しないと肺がんになる可能性が高いのはわかっていても目の前にタバコがあれば吸ってしまいます。利益を得られる方法がわかっていても、周囲の人のことを気にして別の選択をすることもあるでしょう。

つまり、**伝統的な経済学の考え方では、なぜ人間がそうした行動を取るのか説明がつかない**のです。

Theory 5

# 新たな学問分野 行動経済学が登場

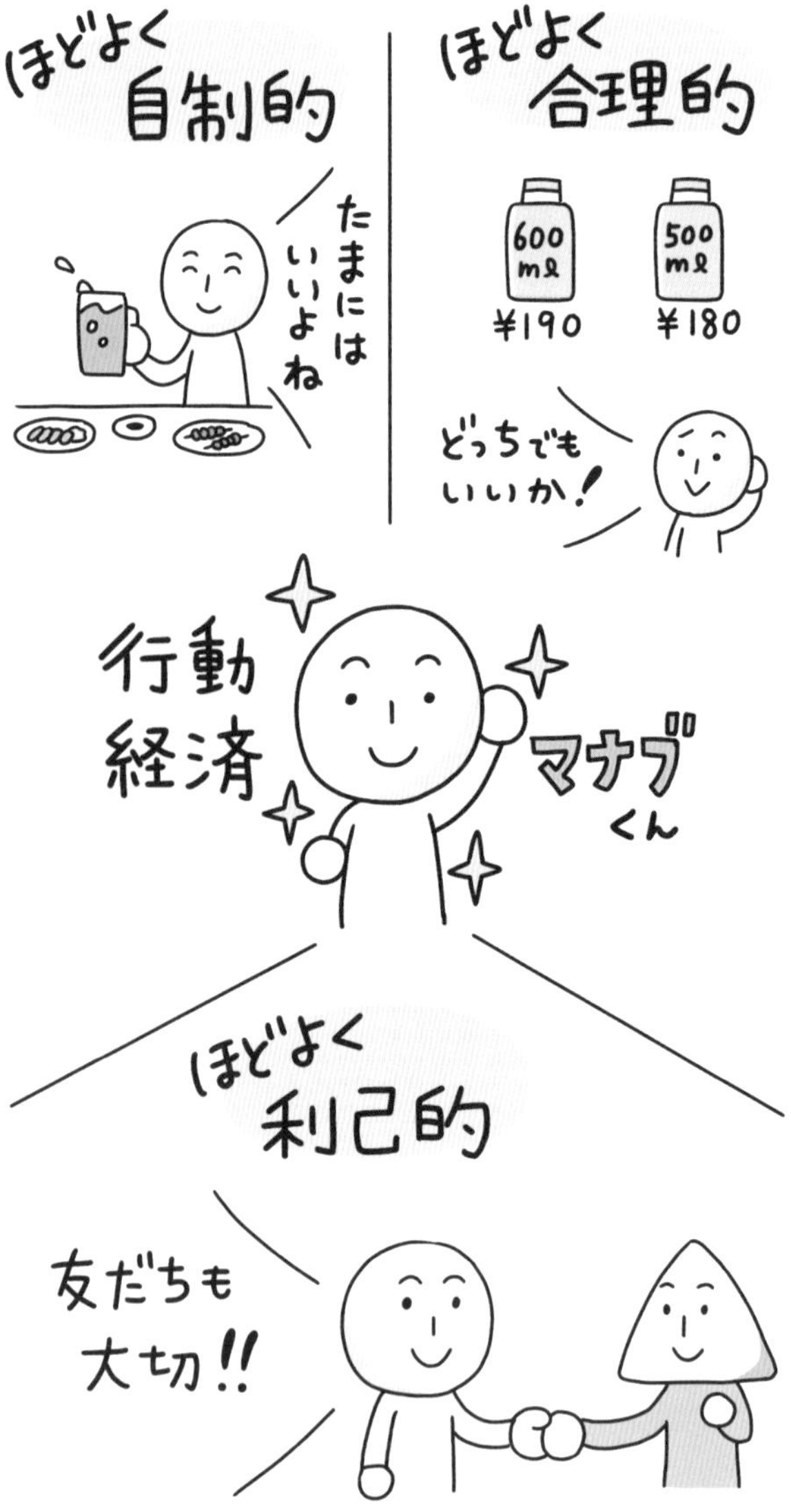
ほどよく
自制的
たまにはいいよね
ほどよく
合理的
600 ml
¥190
500 ml
¥180
どっちでもいいか！
行動経済
マナブくん
ほどよく
利己的
友だちも大切!!

ホモ・エコノミカスと比べると
少しいい加減な、私たち人間。
このいい加減さに注目したのが、
新たに登場した学問、行動経済学です。

## 伝統的な経済学で説明できない部分をカバーする学問

経済学との矛盾が生じてしまう人間の行動を解明するために登場したのが、「行動経済学」です。

行動経済学では、これまで経済学が想定していたホモ・エコノミカスのような存在を想定せず、**実際の人間の行動をもとに理論を形成する**のが特徴です。

経済学は、あらかじめ定義された標準的な行動をベースとして理論を展開していく演繹《えんえき》法的な学問であったのに対し、行動経済学は、実際の行動から理論を形成していく帰納《きのう》法的な学問。そのため、実験や消費者アンケートなどを利用して収集したデータをもとに研究を進めていきます。

---

消費者の動向をつかみやすいことから、マーケティングの分野で注目を集めています。

さらに、さきほどのホモ・エコノミカスとは矛盾するような行動を研究の対象とするため、より実用的で、**ビジネスに活用しやすい学問**ともいえるでしょう。

行動経済学で想定する人間像は、これまで伝統的な経済学の描いてきた理想的な人間像からは、「ほどよく」道を外れています。ほどよく合理的ですから、当人にとっての独自の基準を持ち、たとえば商品の値段や価値の差を厳密には考えません。自制的な行動もほどほどに、たまには自らの欲求に正直にふるまいます。しかも、ほどよく利己的な彼らは、自分だけでなく、周囲の人々のこともしっかり考えて行動するのです。

**伝統的な経済学から外れた部分にフォーカスする**——行動経済学はそんな学問なのです。

# Theory 6 行動経済学＝心理学＋経済学

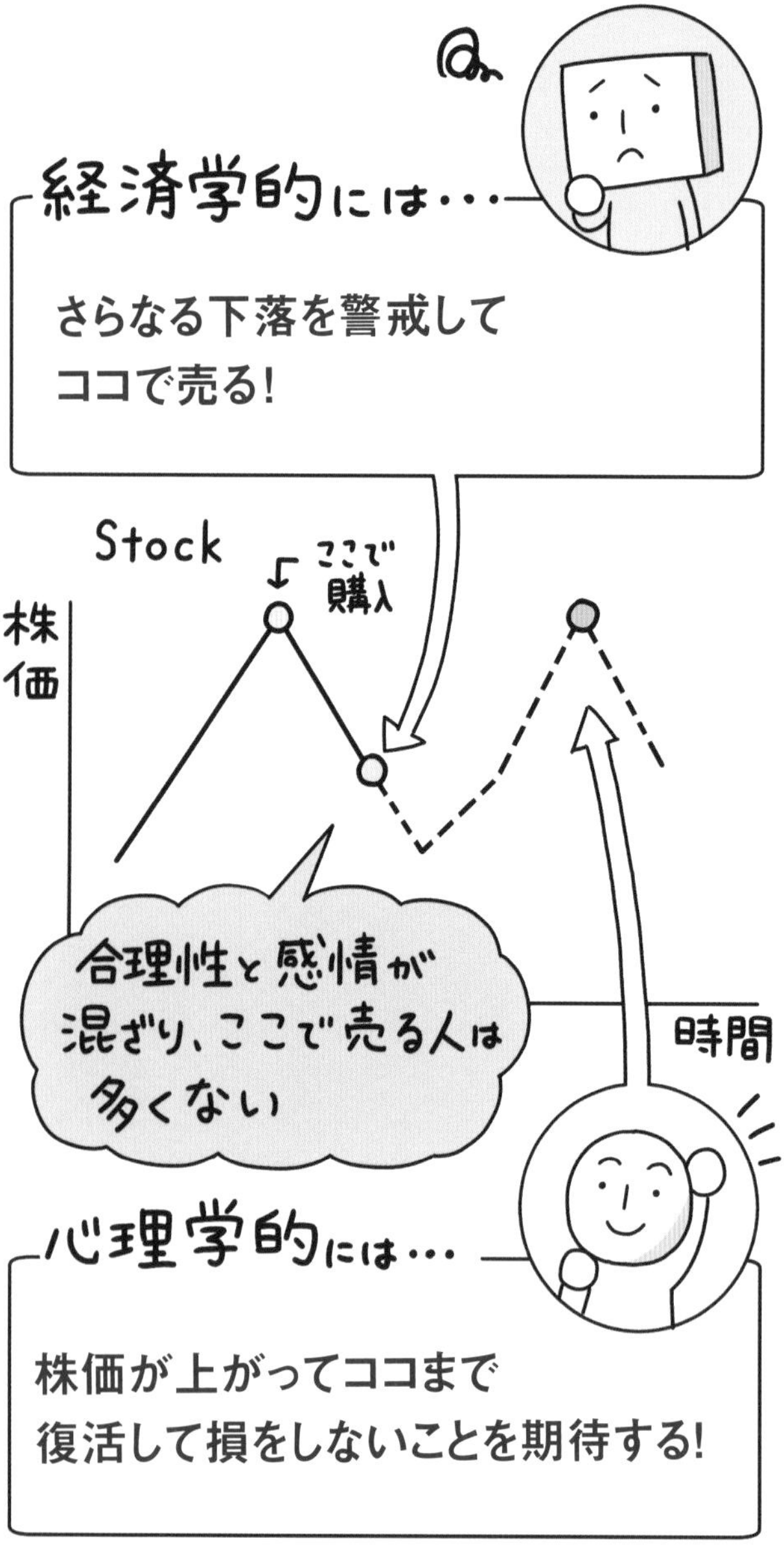

経済学的には・・・
さらなる下落を警戒して
ココで売る！
Stock
ここで購入
株価
合理性と感情が
混ざり、ここで売る人は
多くない
時間
心理学的には・・・
株価が上がってココまで
復活して損をしないことを期待する！

## 心理学の要素を加えることで経済学の矛盾を説明できる

新たな学問として登場した行動経済学ですが、伝統的な経済学を完全に無視するものではありません。経済学が立証してきた理論をベースに、人間特有の考え方やくせをふまえて、実際の行動を検証するのです。そのため、**行動経済学は経済学と心理学のハイブリッド**と表現されることもあります。

実際に、株式投資を例に取って考えてみるとその様式がよく理解できるはずです。

株価が会社の業績などを反映して下がった時、その株を持っているすべての人がすぐに売り払うはずだと考えるのが伝統的な経済学でした。しかし、ここに心理学の要素が加わると、「また値上がりするのではないか」と希望を持ってしまう人間の性質が考慮されます。その結果、すべての人が株を手放すわけではなく、保有し続ける人もいるという結論が導かれるのです。

このようなケースは他にも、**私たちの日常生活にたくさん存在**しています。

たとえば、伝統的な経済学で考えられてきた市場の需給曲線を考えてみましょう。

一般的に、価格が下がれば下がるほど、消費者が買いたいという思い（＝需要）は高まります。

しかし、実はすべての商品に対してそれが当てはまるわけではないのです。

代表的なのが、ブランド品。明らかに同カテゴリの他の商品より高価格なのにもかかわらず、人々はこぞって買い求めます。これは、「高いものを手に入れること自体に特別な欲求が生まれる」という心理的な要素、ヴェブレン効果（→P77）が働いた結果なのです。

Theory 7

# 第一人者は言った！「行動経済学はマーケティング」

「マーケティング」の別称だよ！
マーケティングの巨匠
コトラー

## 人間の実際の行動から新たな理論が生まれる学問

行動経済学が生まれたのは1970年代中頃。一般にはなじみが薄いかもしれません。しかし、いかに注目されているかは**研究者が3人もノーベル賞を受賞**していることからわかりますし、マーケティング研究の第一人者、フィリップ・コトラーはこう語っています。

「行動経済学は『マーケティング』の別称にすぎない。過去100年にわたりマーケティングは経済学とその実践に基づく新たな知識を生み出し、経済システムが機能する仕組みに関することに役立てた」

# 行動経済学のノーベル賞受賞者

**リチャード・セイラー**

2017年受賞。ヒジで小突くように促すことで人々の行動を変えられるという「ナッジ理論」を提唱。

**ロバート・シラー**

2013年受賞。伝統的な経済学の仮説に反するような行動（アノマリー）について研究。

**ダニエル・カーネマン**

2002年受賞。不確実な状況下での行動を予測するモデル、「プロスペクト理論」を発表。

噛み砕いて言えば、行動経済学は、「経済学で考えられていた理論」と「実際の行動」から生まれた新しい分野であり、マーケティングで実践されてきたことを学術的に紐解いたものだ、ということ。

つまり、**消費者である我々は日々、行動経済学に接している**のです。日常生活は意思決定の連続。自分が非合理的判断を下す可能性があることを自覚し、どうすれば合理的な意思決定ができるかを知ることがとても重要になります。行動経済学はそのヒントを与えてくれるのです。

この後の章では、人間の意思決定のプロセスをより忠実に描写した「ヒューリスティック（→P28）」や、「プロスペクト理論（→P82）」といったさまざまな行動経済学の要素について解説していきます。意思決定の仕組みを理解し、意識することこそが、自らの合理的な行動を促し、さらには、ビジネスでの成功への近道となるはずです。

# 第2章

## 人間らしい心の動き

# ヒューリスティック

この章では、行動経済学を学ぶうえで避けて通ることのできない重要な要素である「ヒューリスティック」について掘り下げます。ヒューリスティックとは、人間の意思決定を手助けするように働く思考プロセスのことで、自身の経験をもとに最適な手段を見つけ出すため、「簡便法」とも呼ばれます。ヒューリスティックの最大の特徴は判断の速さ。深く考える必要のない場面で、瞬時に答えを導き出してくれるのです。反面、瞬時に判断することによってのデメリットもあります。

よく目にするものを手に取ったり…

有名人のCMに影響を受けたり…

# ヒューリスティックとシステマティック

## 状況によって

何か食べたいけど時間がない。そんな時、私たちはそれほど深く考えずにメニューを選びます。10分も20分もかけて、「何を食べようか?」と悩むことはないはずです。ある程度直感で選ぶでしょう。この時、過去の経験などを参考にして瞬時に決定を導き出す意思決定のプロセスを「ヒューリスティック」と呼びます。

**特徴**

- 直感、即決
- 高速
- 努力を要さない
- 経験的

人の思考には、直感と熟考の大きく分けて2つのモードがあります。

基本的には素早く答えを出せる直感が使われており、その際の意思決定プロセスを「ヒューリスティック」といいます。このヒューリスティックを使うと、ある程度満足できる答えを素早く出せる一方で、損失につながる誤った答えを出してしまう場合もあり、行動経済学の重要なテーマになっています。このように、人間が2つの思考タイプを使い分けるという理論を**二重過程理論**といいます。

## 使い分ける！

パソコンのような高価なものや、こだわりの強いものを買う時、人は性能、価格、用途などさまざまな条件を考慮します。このように、情報を集めてじっくり検討する思考をシステマティックといいます。
人は、場面ごとに「直感」と「熟考」を使い分けているのです。

**特徴**

- 熟考
- 低速
- 努力を要する
- 合理的

システマティック
価格
スペック
重量
使い
やすさ
熟考
う〜〜ん
パンフレット

Question

# 人間がものごとを即座に判断できるのはナゼ?

ヒューリスティック

購入者の考え方が反映される
POINT 1
おいしいトマトを生のままで食べたいのか、トマトソースに加えて煮るのかなど、その日の気分や懐具合なども影響を与えます。
過去の経験を参考にする
POINT 2
トマトを買い続けた経験から価格の相場がわかります。悪天候による「収穫状況の悪化=価格の上昇」などの情報も考慮します。
トマト
2コ ¥198

トマトを購入しようとしている時に、
198円のトマトと298円のトマトのどちらにするかを
即座に決められるのはどうしてでしょうか？

ANSWER

A

**ヒューリスティックを使っているから**

POINT 1〜3を瞬時に考え、その中で自然に優先順位をつけて判断しています。

その場の情報も参考にする

POINT 3

元の価格とそのすぐ近くに書かれた割引価格との比較や、商品パッケージの高級感などにも影響されます。

198円のほう買おう!!
高級トマト
2コ ¥398
2コ ¥298
決めた！

ANSWER A

# ヒューリスティックを使っているから

人が選択をする時、伝統的な経済学では、たくさんの情報をきちんと吟味してから決断するとされています（システマティック→P30）。

しかし、すべての場面でそのような判断を行うのは手間や時間がかかりすぎます。そのため、安いものやこだわりのないものを購入する場合や、瞬時に判断するには情報が多すぎる場合（**情報過多**）には、効率よく決断をする「ヒューリスティック」を多用します。

## 時間をかけずに、ある程度満足できる解を出す

ヒューリスティックは、時間をかけずに判断するために、ものごとのある一面だけで決めるなど、単純に考えるプロセスです。必ずしも最適な判断ができるとは限りませんが、ある程度満足できるレベルの解を得ることができます。

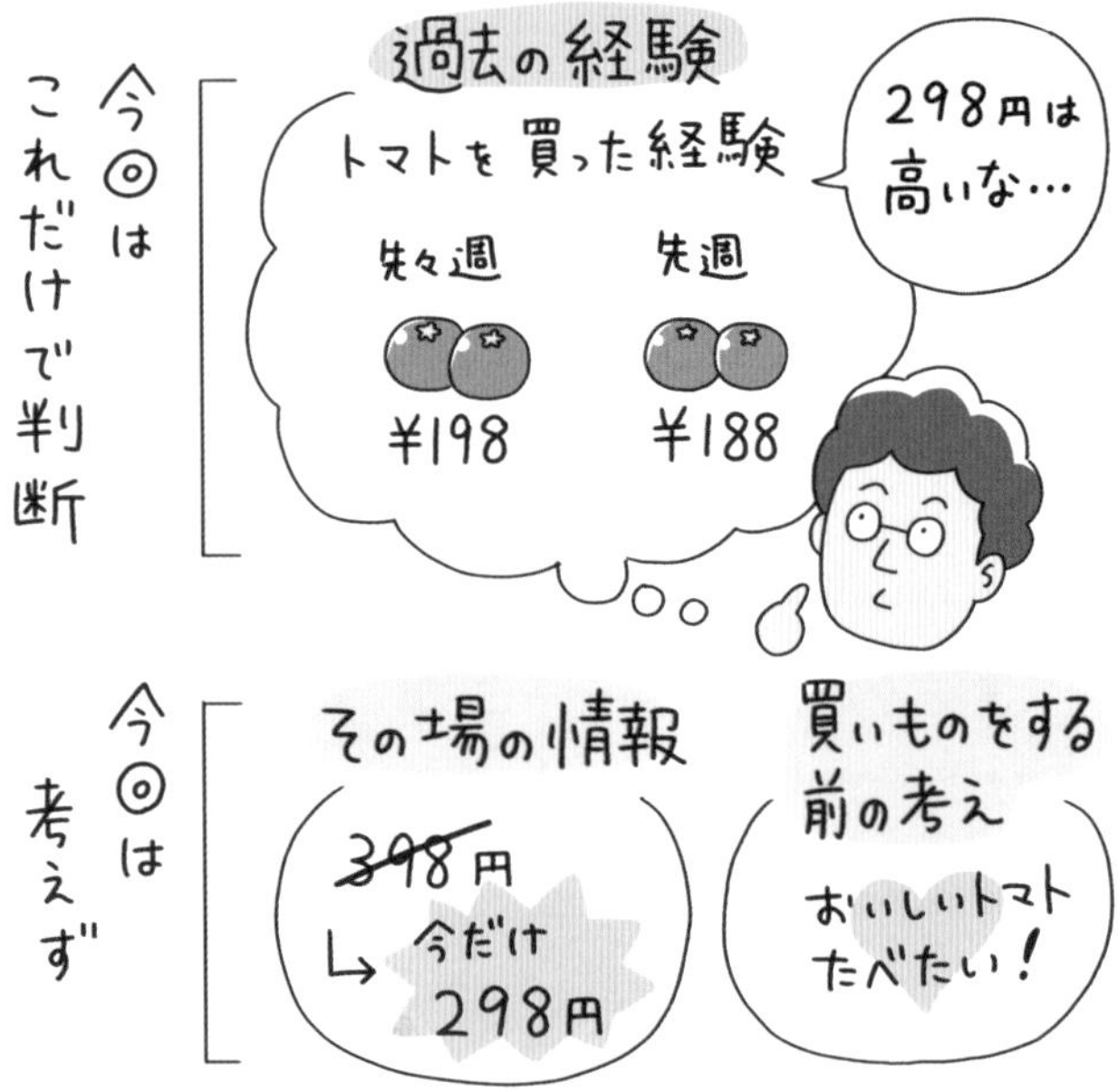
今回はこれだけで判断
過去の経験
トマトを買った経験
先々週
¥198
先週
¥188
298円は高いな…
今回は考えず
その場の情報
398円
今だけ298円
買いものをする前の考え
おいしいトマトたべたい！

# ヒューリスティックは間違いを起こすことも

#バイアス

ヒューリスティックは、常に適切な判断に結びつくとは限りません。状況によっては、聞きたいものだけ、見たいものだけを見聞きしたり、都合よく解釈したりするなど、偏った考え方（バイアス）を引き起こすこともあります。

ヒューリスティックを分類した場合、以下の3つが代表的なものです（P68も参照）。

## バイアスを生み出すヒューリスティックの代表例

### ①利用可能性ヒューリスティック

なじみのあることはよく起こると判断されるケース。

→ P36 〜

### ②代表性ヒューリスティック

代表的な例が全体を反映していると勘違いするケース。

→ P42 〜

### ③固着性ヒューリスティック

自分の考えや直前に見聞きしたものに固着することから勘違いをするケース。

→ P52 〜

Question

# 見たことのあるものを買ってしまうのはナゼ?

利用可能性ヒューリスティック

## 自分の興味のあることだけを知覚する

個人的に興味のあることには特に注意を払い（選択的知覚）、その他のことはシャットアウトします。【→P40】

ANSWER

A

### 記憶に残っているものを信用するから

テレビCMやWEB広告、車内広告などでよく見聞きするものは身近に感じ、さらに「売れているもの」と思い込む傾向があります。

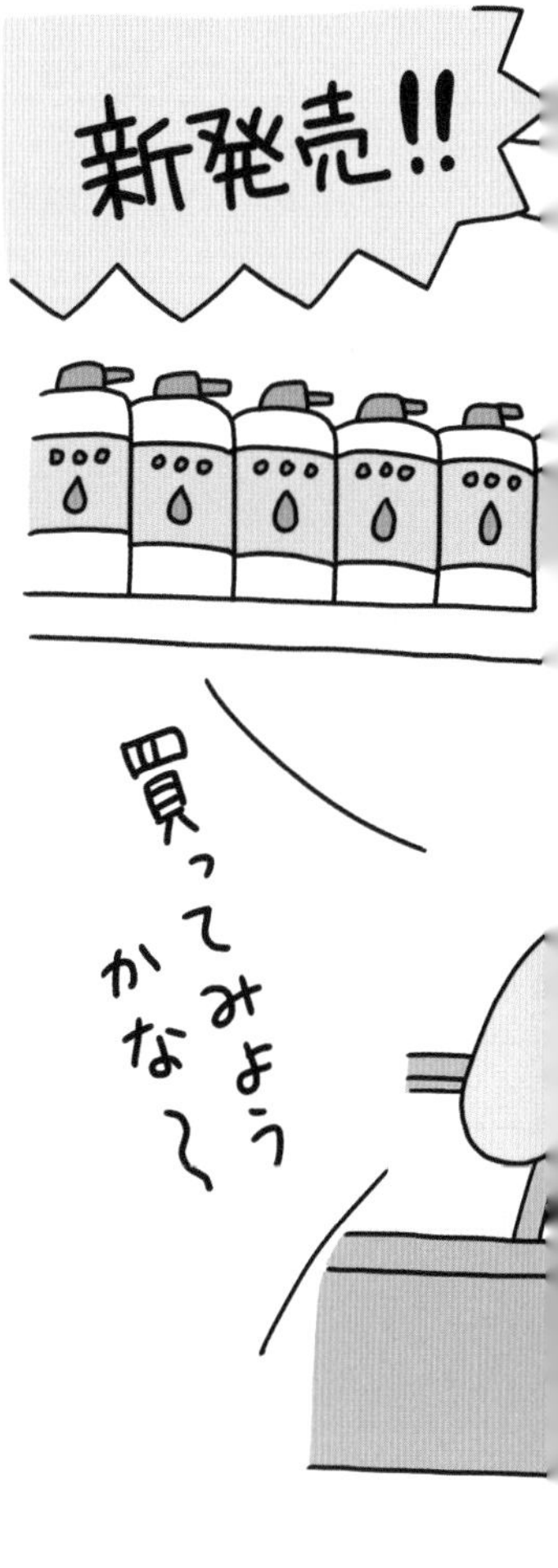


**テレビCMやWEB広告などで、よく目にしていた商品を、つい購入してしまう。これは、どうしてでしょうか？**

ANSWER A

# 記憶に残っているものを信用するから

「よく見かける」「インパクトが強い」「最近知った」「友人が使っている」……。こうした商品は私たちの記憶に強く残り、思い出しやすいもの。その記憶を利用する可能性が高いので、値段や品質について細かく検証することなく、直感的にその商品を選んでしまうのです。このように、**なじみのあるものを選択する意思決定プロセスを「利用可能性ヒューリスティック」と呼びます**。

企業は、さまざまな媒体に繰り返し広告を出すことで、購入に結びつけたいと考えているのです。

## 思い出しやすくするための企業の戦略

「よく見かける」を実現するため、企業はテレビCMやラジオCM、WEBページやSNS広告、電車の中吊り広告、街中の看板、チラシなどで、消費者に近づこうとします。印象に残りやすくするために「インパクトが強い」広告を出そうと、企業は日々努力しています。

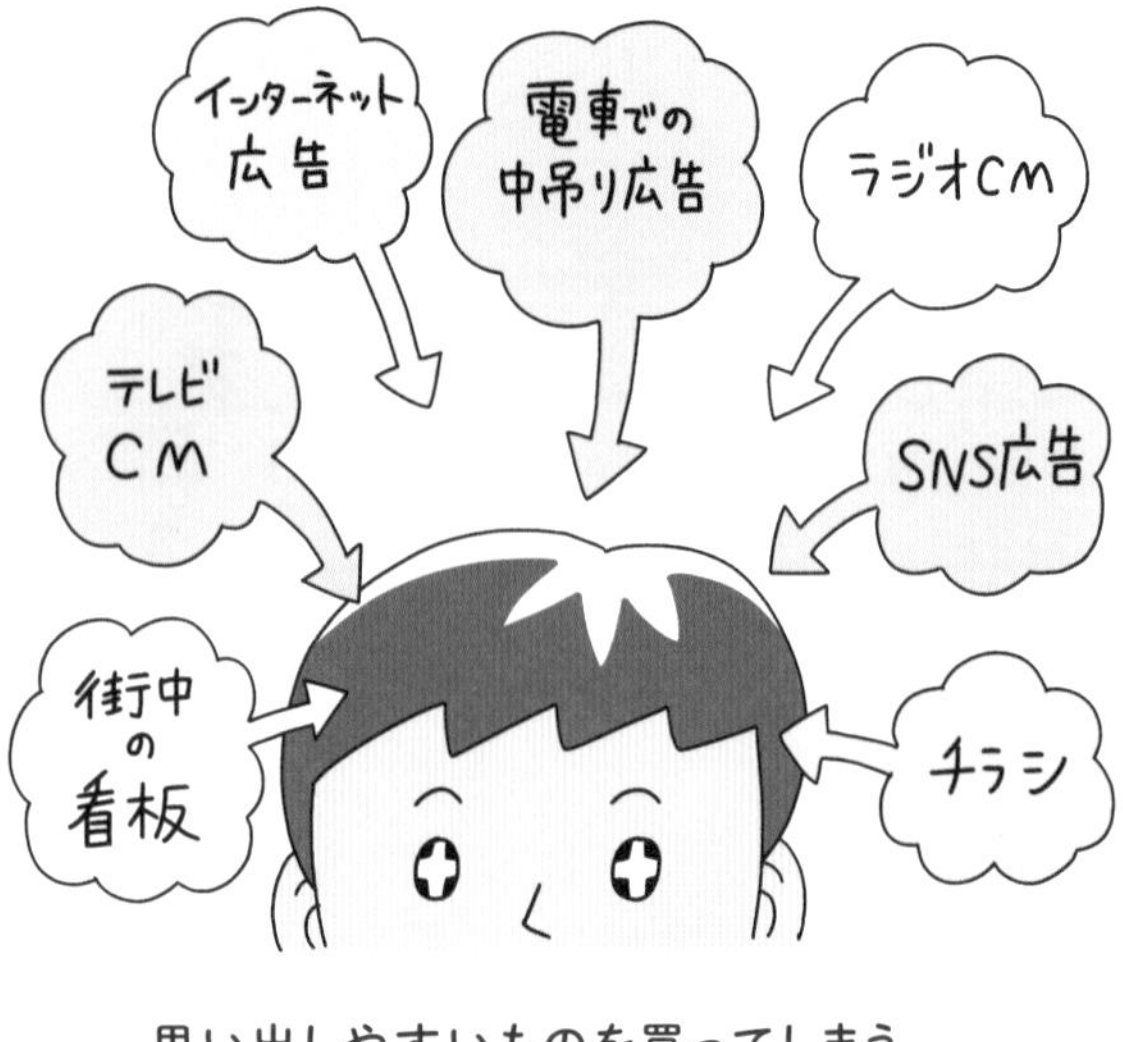
インターネット広告
電車での中吊り広告
ラジオCM
テレビCM
SNS広告
街中の看板
チラシ

思い出しやすいものを買ってしまう

## 繰り返すことで ブランディングに役立つ

企業は自身をブランディングするために、思い出しやすくなじみ深いイメージを作る工夫をしています。たとえば、ブランドロゴの統一、ジングル・音楽（サウンドロゴ）の使用などです。ジングルとは、ブランドを印象づけるための音楽です。

ジングルの利用によってなじみのある企業は好感度が上がり、商品ならば**実態以上に売れていると感じます。**

### 何度も耳にすることで身近に感じる

ジングル（サウンドロゴ）には、コスモ石油の「ココロも満タンに」、ニトリの「お、ねだん以上。」などの言葉が入ったものや、ファミリーマートに入った時に流れる「入店音」のような音だけのものがあります。
同じ音楽を何度も繰り返して聞くことで、親しみやすくなり、好印象を得られます。

音楽が刷り込まれ、親しみが湧く

QUESTION Q

# どうして興味のあることだけ聞こえるのか？

3F
婦人服
売り場
にて…
迷子の
お知らせ
を・・・
ゴルフ売り場
の大バーゲン
セールにて
・・・
！
ゴルフ
!!？
行かなくちゃ！

途切れることなく館内放送が流れているデパートの中で、自分が関心を持つ「ゴルフ」についての話題だけは、はっきりと聞こえています。

デパートで流れている館内放送。たいがいは気にも留めません。でも、自分の趣味や好きなものに関する放送が流れれば気がつくことが多いでしょう。

たとえば、ゴルフに興味を持っている場合、「ゴルフ」についての話題だけは、はっきりと聞こえることがあります。人は、興味のある対象、意識している対象にのみ注意を向ける、**選択的知覚**という能力を持っているからです。

いろいろな人が会話をしているパーティーの喧騒の中でも相手の

ANSWER

A

# 人は選択的に知覚できるから

#選択的知覚

## 周囲の会話は頭に入らない

人が大勢いて騒がしい状況の中、周囲と同じ声の大きさで会話していても、相手の声ははっきりと聞き取れます。周囲から聞き取れる断片的な情報は、自分が利用可能な知識とつながらなければ、意味のあるものとして認知されないのです。

話だけを聞き取ることができることから、こうした現象を**カクテルパーティー効果**といいますが、逆に言えば私たちは、興味のある情報に対してしか反応しないということです。

　このカクテルパーティー効果も選択的知覚の1つで、**利用可能性ヒューリスティック**として分類することができます。

　郵便チラシの宛先に「世田谷区にお住まいの70代の方」のように対象を絞った表現が使われるのも、選択的知覚を使って目立たせる例です。

Question

# なぜ、確率に振り回されてしまうのか？

代表性ヒューリスティック

バナナを食べた人が
4/5の割合で痩せた
という情報に
衝撃を受けています。

## 代表的なものでしか考えない

人は代表的な例だけを見てものごとを判断してしまう傾向があります。「銀行員はまじめ」のような思い込み（ステレオタイプ）もその一例です。【→P49】

ANSWER A

### 少ないサンプルで判断するから

5人ではサンプルが少なすぎて、バナナにダイエット効果があるとは言えません。しかし、4/5という割合のインパクトが強いため、思い込みが生じてしまうのです。

ANSWER A

# 少ないサンプルで判断するから

## #少数の法則

前ページのバナナのダイエットの例では、検証されたサンプルはたった5件。試行の回数が圧倒的に足りません。

しかし、人は偏った結果が出ている可能性を無視し、「バナナを食べれば痩せる」と考えてしまいます。このように、サンプル数が少なくても確率を信じてしまうことを「**少数の法則**」と呼びます。

### 身近な例が全体を映し出していると勘違いする

たとえば友人3名が同じ“縁結びのお守り”を買った後に彼氏ができて幸せそうなとき、「そのお守りは効果がある!」と考えお守りを購入したとします。しかし、3人ではサンプル数が少なすぎるため、「お守りで彼氏ができた」というのは単なる偶然によって出た極端な結果。これも「少数の法則」の1つです。

たちみたいに
私にも彼氏くださ〜い♡
よろしく!
!?
ぐうぜんだよ?
お守り

## 典型例が全体を映すと考える

代表的（典型的）なものだけを見て、全体も同様であると結論づける直感的な考え方を**「代表性ヒューリスティック」**といいます。

代表性ヒューリスティックには、「少数の法則」の例以外にも、正しく計算すれば出てくるはずの確率を無視して代表的な面だけを見て判断する（→P46）、ものごとのある一面だけを見て判断する（→P48）といったものがあります。

すべての事柄を、さまざまな情報を加味しシステマティックに考えていては時間も手間もかかりすぎる。そこで、人は代表的な事柄だけを見て判断を下すのです。

### 理由をつけて誤った確率を信じる

ある調査で胃がんの出現率を調べたところ、人口300人の農村は都会より胃がんになる確率が高かったといいます。これを聞いた時「田舎では飲酒や喫煙が習慣化していて、医療も充実していないから」と考える人もいるでしょう。しかし、事実は異なります。理由は単純で、この農村のほうがサンプル数が少ないから、極端な結果が出ただけなのです。人は、ものごとに理由をつけようとする傾向があります。

QUESTION

# Q 昨年活躍した選手は、今年必ず不調になる？

忘れているのは…
平均への回帰!

**●●選手、絶不調!!**
**10試合連続得点から一転、**
**20試合連続無得点！**
**昨年の得点圏打率3割の勢いはどこへ？**

10 + 20 = 30（試合）

▼

10/30 = 0.3（3割）

昨年と同じ好成績！

※毎試合、得点圏にランナーがいる打席数を1回とする

昨年の得点圏打率3割の選手が、シーズンが開幕してから10試合連続で打点を上げました。その後、20試合連続で無得点だった場合、その選手は絶不調だと評価されるかもしれません。

しかし、実際には、合計30試合のうち10試合で得点を挙げているのだから、得点圏打率は3割で、昨年と変わりありません。この選手の平均値に収束しているのです。このような自然の摂理を「**平均へ**

ANSWER A

# 結果が平均値に収束することを忘れているだけ

#平均への回帰

## 叱ったら成績が上がる?

テストの点数が低い生徒を叱ったら、次のテストで点数が上がった―。

この場合、「叱ったほうが良い」というのは誤った解釈で、平均への回帰を無視しています。テストの点数が平均に回帰すると考えれば、点数の低い生徒は次回のテストで今回よりも高得点を取る可能性が高く、逆に、点数の高かった生徒は、低い点数を取る可能性のほうが高くなることがわかります。同様に、「褒めても無駄」というのも誤った解釈で、褒めようが叱ろうが、高得点を取った生徒の点数が下がってしまうのは自然なことなのです。

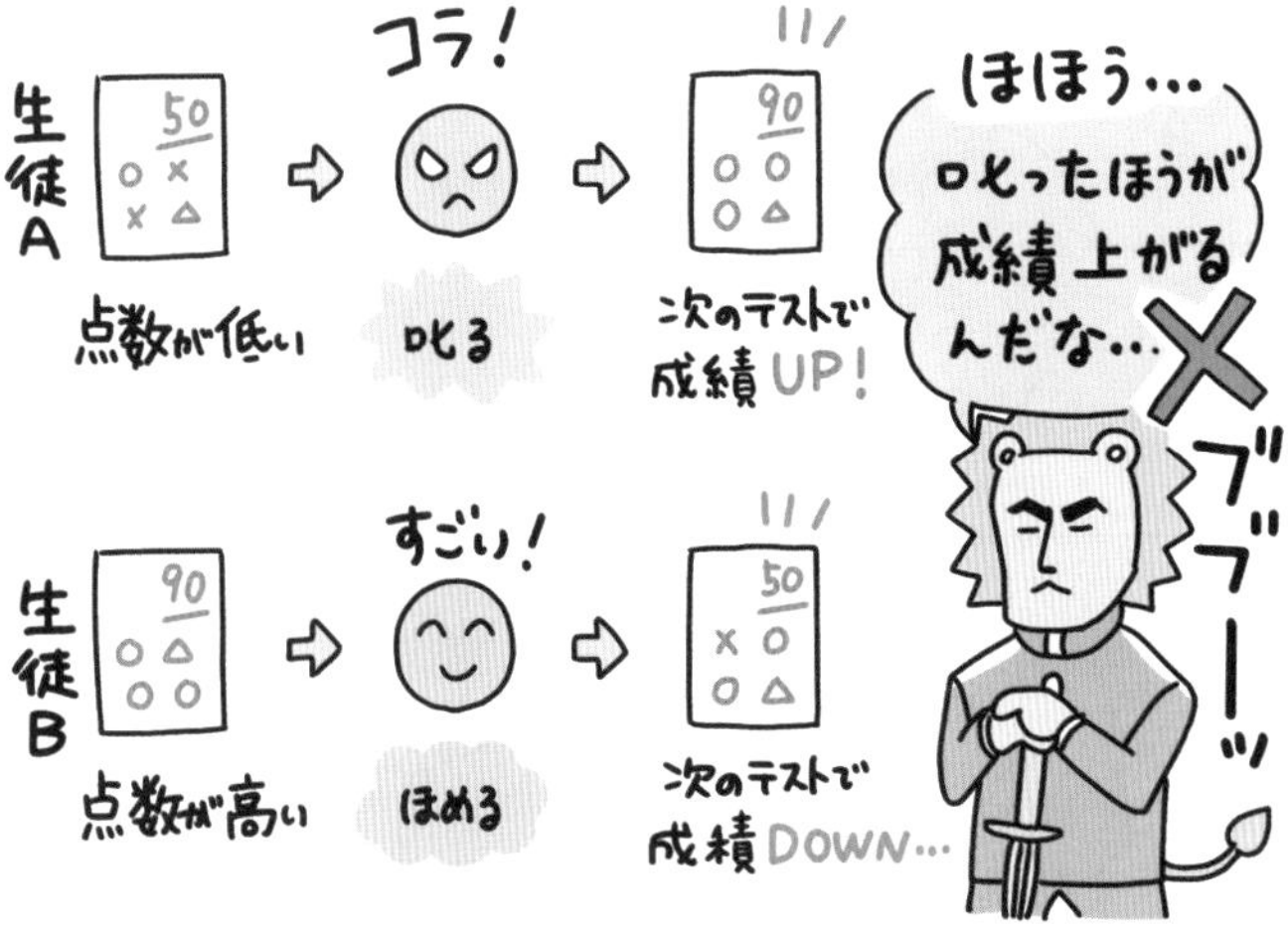


どちらも実力通りの平均点に戻っていくだけ

**の回帰**」といいます。

「2年目のジンクス」にも、同様の理由が考えられます。本当の実力はそれほどではなく、初年度が特別な成績であった可能性があるのです。しかし人は、良い結果や特別なことが偶然連続している時、それが普通であると考えてしまいます。

これは「平均への回帰」を忘れ、代表的なサンプルだけで判断することで起こる**代表性ヒューリスティック**の一例です。

QUESTION Q

# なぜイメージと異なることが起こるのか？

銀行員と会う約束をしていたが、相手がラフな格好であったため、なかなか見つけられなかった。これに似たようなことはよくあるでしょう。「銀行員はまじめで堅い性格なので格好も堅め」と典型的な例で勝手に想像していたためギャップが生じたのです。このように、典型的（代表的）なイメージを重視するような思考も「**代表性ヒューリスティック**」の1つです。

チャラ〜ッ
おまたせっス!!
!!
ビシッ!
銀行員って聞いてたから
な感じかと…


代表例だけで考えるため
イメージとのギャップが生じる

ANSWER A

# 典型例だけでイメージを作るから

#ステレオタイプ

## 人はステレオタイプで判断する

この銀行員について、「A：男性、B：30歳、C：銀行員、D：東北出身、E：ドライブ好き……」のような多くの情報を事前に知っていたとします。それでも、銀行員や東北出身など、ごく一部の情報だけでイメージを作ってしまうことがあります。

このように、あるグループの特徴を単純化した一般的なイメージを「**ステレオタイプ**」といいます。例として「日本人＝自己主張が少なく手先が器用」「アメリカ人＝フレンドリーで自己主張が強い」などがあります。

典型的なものだけを見るステレオタイプ

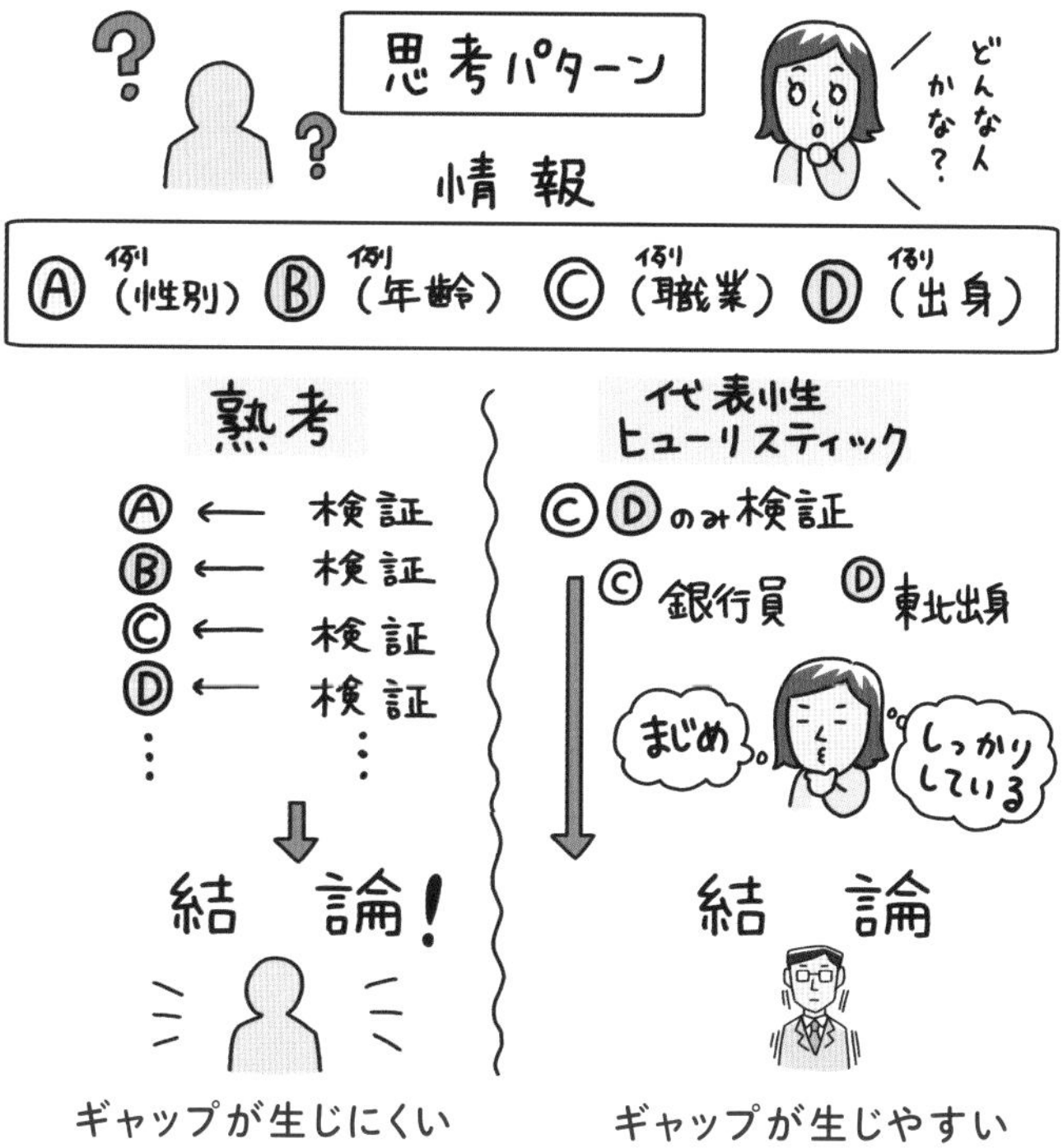

思考パターン
どんな人かな？
情報
Ⓐ例（性別） Ⓑ例（年齢） Ⓒ例（職業） Ⓓ例（出身）
熟考
Ⓐ←検証
Ⓑ←検証
Ⓒ←検証
Ⓓ←検証
結論！
ギャップが生じにくい
代表性ヒューリスティック
ⒸⒹのみ検証
Ⓒ銀行員 Ⓓ東北出身
まじめ
しっかりしている
結論
ギャップが生じやすい

QUESTION

Q

# 良い印象を残すために大切なものは？

初対面の人に挨拶に行く時、事前に相手をリサーチする、手みやげを持っていく、最初に大きな声で挨拶する……。これらは「最初の良い印象が残り続ける」ことを無意識に理解して取る行動です。人は、第一印象に大きく影響されます。これは「**初頭効果**」といい、**代表性ヒューリスティック**の1つです。

お義父さん
19X△年○月□日生 A型
○×商事2課 課長
☆好きなもの
・将棋 ・ゴルフ
・猫 ・オレンジ色
お義父さんへのはじめてのあいさつMEMO…
良い印象を与えるためのリサーチは万全!!
やりすぎ…！


初対面の好印象を残すため、
相手が喜ぶ話題を準備する

ANSWER A

# 最初と最後が肝心

#初頭効果　#ピークエンドの法則

## 記憶に残るポイントをおさえる

他方、人間がある事柄を思い出す時に働くのが「**ピークエンドの法則**」です。これは、「ピーク」、つまり絶頂時と、最後の時点「エンド」が、思い出全体に対する印象を左右するという理論です。最も盛り上がった時点と最後以外は、人間の記憶に残りづらいともいわれています。これも、代表的な事柄だけを見て判断する、**代表性ヒューリスティック**の1つです。

### 終わり良ければすべて良し

プレゼンや営業の場面などでは、スタートから最後までの間にいろいろな言動があります。一番盛り上がった場面は印象に残りますが、最後の話も印象に残りやすいものです。

そのため、終わりの挨拶はきちんとすることが大切です。もちろん、イラストのように退職時の挨拶で好印象を残せば、そのイメージはずっと続くことになります。

○×さん
退職パーティ
最後まで良い子だったわね…
ピョコッ
長い間ありがとうございました!!

Question

# なぜ反対意見は受け入れられない？

固着性ヒューリスティック

## 同じ内容でも言い方や書き方が異なると選択が変わる

まったく同じことでも、言い方や書き方が異なると印象が大きく変わり、その後の判断に影響を与えます（フレーミング効果）。【→P62】

自分が出した意見について、反対を表明している人が見えていません。なぜでしょうか？

ANSWER A

**都合の良い情報ばかり集めるから**

人は自分の考えを肯定する理由は積極的に探す（固着する）が、反対意見は安易に受け入れない傾向があります。

ANSWER A

# 都合の良い情報ばかり集めるから

人には自分の意見に対する反証材料を集めようとせず、提示されたとしても無視する傾向があります。

前ページの例のように、賛成意見だけを評価して決定を下すというのはよくあること。このように自分の考えや思い込みに固着し、肯定的な情報を集めてしまうことを「**確証バイアス**」と呼びます。この確証バイアスを引き起こすのが「**固着性ヒューリスティック**」です。

## 好き嫌いへの固着も判断に影響する

物事の判断には、好き嫌いも大きく影響します。好きなもののメリットは無意識に探しデメリットはあまり探しません。逆に、嫌いなものはデメリットを探しメリットはあまり探しません。自分が費やした時間などにも重きを置いて判断を下します。これらも確証バイアスの1つに数えられます。

## 人は文脈や状況に固着する

固着性ヒューリスティックには「**フレーミング効果**」というものもあります（→P62）。まったく同じ事柄なのにもかかわらず、言い方や書き方が異なることで、受け取り方が変わり選択も変わることです。

また、「**アンカリング効果**」はフレーミング効果の1つです（→P65）。たとえば、実際に販売している価格の近くに、希望小売価格が書かれているケース。この場合、希望小売価格がアンカー（錨《いかり》）となり、それに引っ張られて販売価格を安く感じます。

このように、状況や文脈に強く影響されるのが固着性ヒューリスティックの特徴です。

**フレーミングとアンカリングの例**

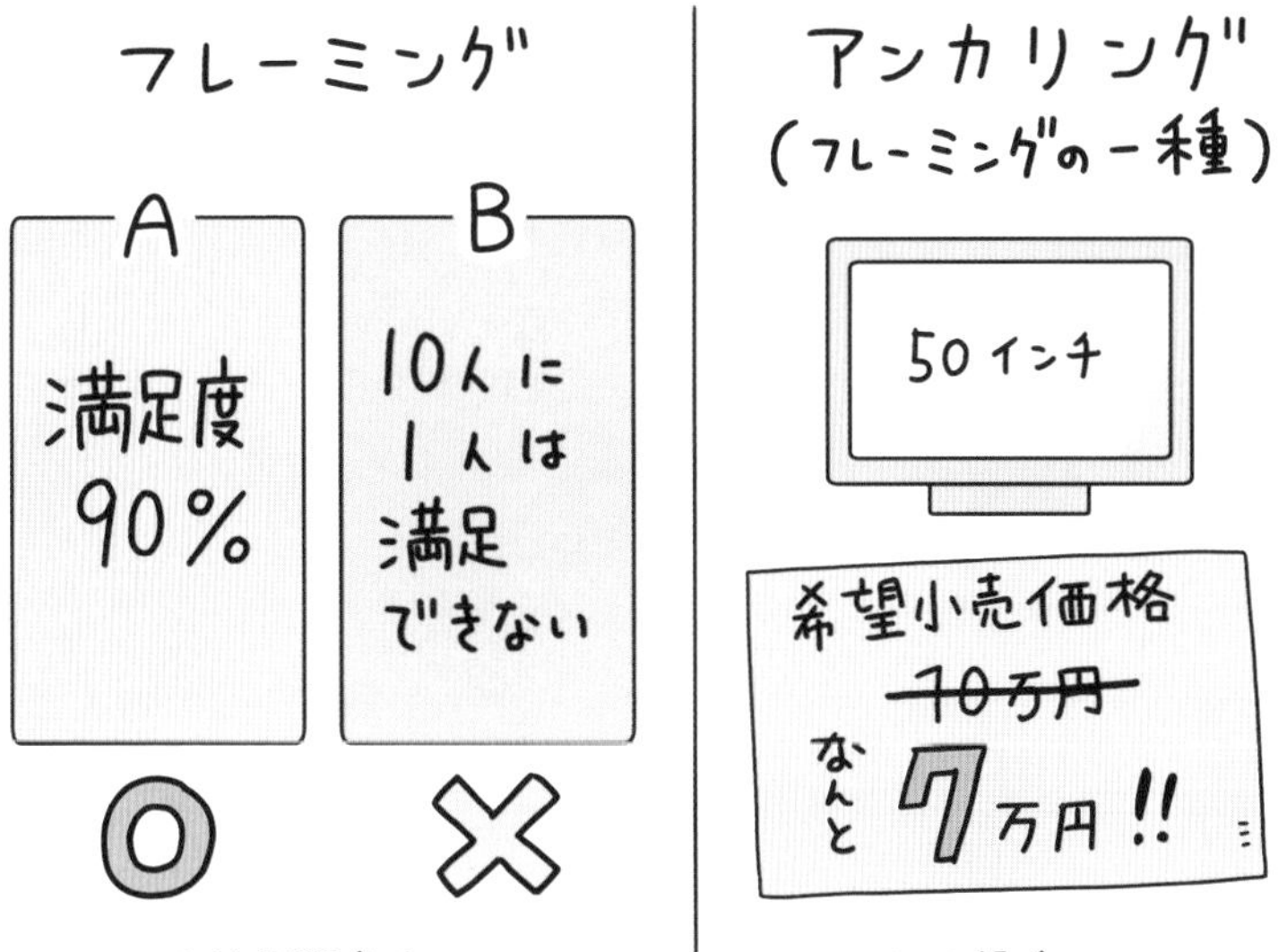
フレーミング
A
満足度
90%
B
10人に
1人は
満足
できない
アンカリング
（フレーミングの一種）
50インチ
希望小売価格
10万円
なんと
7万円!!

Aは好印象を、
Bには不安を
抱く人が多くなる

この場合、
希望小売価格である
10万円がアンカー

QUESTION Q

# 「正確な評価」ができないワケとは？

ハキハキした良い印象に固着し、
その他もすぐれていると判断してしまう

「身だしなみの良い人＝能力も高い人」「面白い人＝性格も良い」「かわいらしい顔＝性格もかわいらしい」……。人物や状況を評価する際、ある面がすぐれていると、その他の面もすぐれていると思い、全体を高く評価することはありませんか？　逆に、ネガティブな一面を見て、全体をネガティブに評価してしまうこともあるはずです。

ANSWER

A

# 「1つの評価＝全体評価」と考えてしまうから

#ハロー効果

「タレントの印象＝商品の印象」と勘違いする

人気タレントの良い印象がそのまま商品の印象に反映されます。だから、有名人がCMに起用されるのです。

よくあるハロー効果

- ルックス
- 学歴
- やさしくされた経験
- 肩書き
- インフルエンサーのレビュー

人は、目立ちやすい特徴に引きずられて（固着して）、他の特徴についての正確な評価を怠ってしまいがち。こうした現象は「**ハロー効果**」と呼ばれ、**固着性ヒューリスティック**の1つです。

CMに人気タレントが起用されるのもハロー効果を利用するため。商品自体の品質はさておき、その有名人が好印象ならば、商品も好印象を得られるのです。

QUESTION
Q
# 人間は思い込みだけで効果を得られる？

¥10,000
プレミアムワイン
コレ貼っちゃえ！
プレミアムワイン
B
¥3,000
おいし～！
さすが高いワイン!!
プレミアムワイン

思い込みにより、本当においしく感じる

上のイラストでは、3000円のワインのボトルに、1万円のワインラベルが貼られています。中身は当然、安物のワインなのに、飲んでいる人は満足気です。

たとえ同じワインでも、値段が高いだけで本当においしいと感じることがあるのです。人間の脳は思い込みにより、実際にそう感じるのです。

実は、新薬の効果を検証する時に、効能がない偽薬（プラシーボ）と新薬を与え、その

ANSWER

A

# 知識が実際に効果を生み出す

#プラシーボ効果

医療現場での検証で発見された

同じ病気を患った患者AとBがいます。Aには外科手術で治療を施し、Bには開腹のみ行って治療はしませんでした。その結果、Aは元気に回復しますが、治療を行わなかったBまでなぜか回復していました。これはB自身が、「治療が行われた」と認識したことによって生じたプラシーボ効果によるものです。

効果を検証したところ、偽薬を与えられたほうも症状が改善したという結果が多数出ているのです。こうした、知識が知覚に影響を与える現象は「**プラシーボ効果**」といい、思い込みに固着する、**固着性ヒューリスティック**の1つです。自分が好きや正しいと感じたことを肯定するため、認知のバイアスが生じるのです。

高額な食べ物や高額なダイエット薬などがこの効果によって高い満足度を得ているケースは少なくありません。

QUESTION Q

# 損をするのはわかっているのに……なぜ？

大容量オリジナル
ハイスペックPC
もう少しで
完成だ！
フー
もっと
ハイスペックな
PCの登場！
高性能
かつ
コンパクト
大容量
&
低価格
ガーン!!
今までの努力を
ムダにするわけには…

**これまでの労力・費用を考えると、損をするとわかっていてもやめられない**

すでに投入して回収できない費用を「サンクコスト（埋没費用）」といいます。そして、投資したお金や労力、時間を「もったいない」と考え、損をすることがわかっていてもやめられないことを「**サンクコスト効果**」と呼びます。

たとえば、それなりの資金と年月を費やした高性能PCを開発していたら、完成前により高性能のPCが他社から安価で登場した場

ANSWER

A

# 過去の労力にこだわってしまうから

#サンクコスト効果

## 投資やギャンブルにもサンクコスト効果が

ここまでつぎこんで
やめるわけにはいかない…
スッカラカン

投資についても同じことがいえます。現時点から見て、株価が上がるかどうかを考えるのが合理的なのに、自分が投資した金額に固着して、別の株に買い換えることができません。ギャンブルの世界も同じで、自分がこれまでに費やした金額は当たる確率に影響しないのに、やめづらくなってしまうのです。

合、トータルで見たら中止したほうが得策なのに、開発を継続してさらに損失を大きくしてしまう……といったケースがあてはまります。

正しいと思って進めてきたことを肯定したい気持ちと、それまでにかかった労力・費用に固執してしまい、中止すべきことでも、なかなか実行できないのが人間の性質なのです。これも**固着性ヒューリスティック**の1つです。

QUESTION

Q

# 表現方法だけで人の行動を変えられる？

言っていることはほぼ同じなのに
社員の反応はまるで違う

経営難に陥った企業の社長が、定例会で社員に現状を報告しています。「わずかだ」というマイナスの言葉を「ゼロじゃない」とプラスの言葉に言い換えるだけで、暗いニュースも明るい印象でとらえられるのです。

このように、表現の仕方が変わると、印象も変わることを「**フレーミング効果（文脈効果）**」といいます。その文脈に固

ANSWER
A

# 言い方1つで結果は大きく変わる

#フレーミング効果

数字だとより効果的に!!
タウリン
1g配合
タウリン
1000
mg配合
こっちのほうが
多そう!!
…ってアレ?

栄養ドリンクなどでよく見かける「タウリン1000mg」といった表記。「1g」よりも多く感じませんか? 実際は同じ分量です。成分の質量のように具体的にイメージしづらいものは、単純に数字の大きいほうが多く(効果が大きそうに)感じるのです。

着して合理的な判断ができなくなる、**固着性ヒューリスティック**によって起きる現象です。

このフレーミング効果は、割引率と割引金額の表記や、広告の訴求力アップなどに幅広く使われています。

ちなみに、価格が高いものは割引率の表示にし、安いものは金額表示にするほうが効果が高いといわれています。

QUESTION

Q

# 安くないのに安いと感じるワケは？

高くて買えないと思っていた1000万円の車。あるWEBサイトで700万円で売っているのを見つけて「安い」と感じました。でも、上のイラストの夫婦にとって700万円は年収と同じ。どうして「安い」と思ったのでしょう？

人には、最初に受けた印象が錨（アンカー）のように心に残る傾向があります。新しい情報を処

ANSWER A

# アンカーとなる情報に影響されるから

#アンカリング効果

奥さんの反応を見てもわかる通り、
700万円という金額に対しての
2人の感じ方はまるで異なっている

理する際、そのアンカーが強く影響します。この例では、1000万円が錨=基準となって、WEBでの価格を「安い」と感じさせたわけです。

このように、最初に提示された情報がのちの判断に影響を与えることを「**アンカリング効果**」といい、これもフレーミング効果の1つ。**固着性ヒューリスティック**によって生まれる効果です。

QUESTION

# Q なぜ2択より3択のほうが選びやすい？

**究極の2択、「激辛」か「激甘」。**
**「ふつう」が登場した瞬間、即決**

「激辛」「ふつう」「激甘」の3種類のカレーがあった場合、多くの人が「ふつう」を選びます。

2択だとどちらにするか迷いがちですが、3択になると真ん中が選ばれやすくなるのです。

人間には、極端なものを回避する傾向があるからです。この「**極端の回避効果**」は、**固着性ヒューリスティック**によって起こります。

ANSWER

A

# 人は両極端を嫌うから

#極端の回避効果

## おとりを使って選ばれやすくする

梅と竹だけだったメニューに高価な松が追加されたことで、梅が極端に安く、松は極端に高く感じられるようになり、結果的に竹を選択する人が増えたのです。

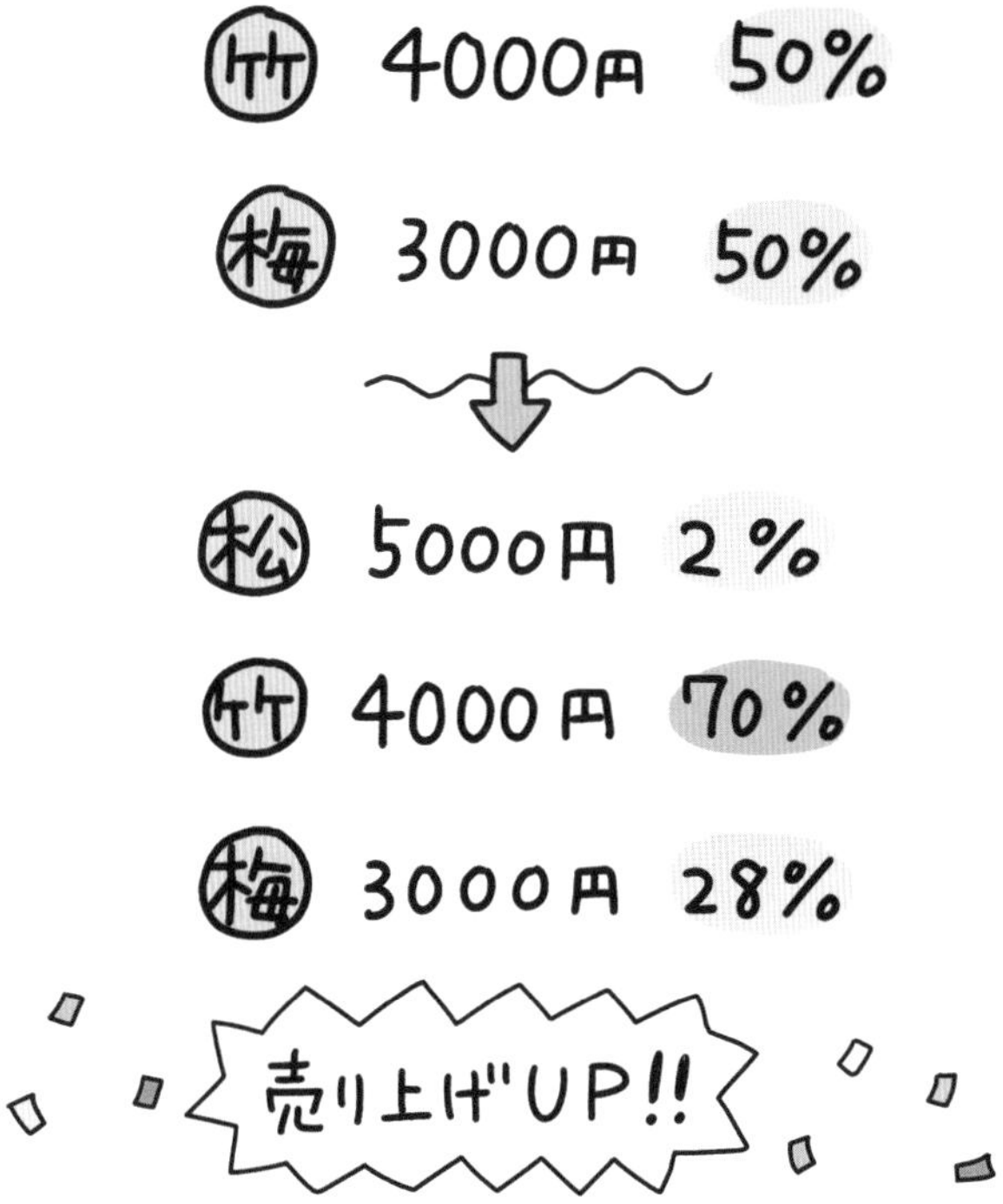

竹 4000円 50%
梅 3000円 50%
松 5000円 2%
竹 4000円 70%
梅 3000円 28%
売り上げUP!!


この効果を商売に活用することもできます。

たとえば鰻重にはよく、松・竹・梅がありますが、松は贅沢すぎるし、梅だと寂しすぎると感じて多くの人が無難な竹を選びます。松を置くことで安価な梅の注文が減り、梅より高額な竹の注文が増えるのです。

この「3択」のような文脈によって選んでほしい選択肢が魅力的に見えることを**おとり効果**といいます。

# 3つに分類できないヒューリスティック
# 時間的選好と社会的選好

## 心理効果とヒューリスティック

バイアスを引き起こすヒューリスティックを、利用可能性、代表性、固着性の3つに分類して解説してきましたが、原因をはっきりと分類できない心理効果もあります。

たとえば、ハロー効果（→P57）は、固着性に分類しましたが、利用可能性の面もあります。選択的知覚によるカクテルパーティー効果（→P41）も利用可能性に分類していますが、「好きな情報を積極的に集める」固着性の面も無視できないのです。

### 複数に分類できるものの例

**ハロー効果**

- **固着性**（有名人の良い面に固着→ P57）
- **利用可能性**（有名人はなじみ深く思い出しやすい）

**カクテルパーティー効果**

- **固着性**（好きな情報を積極的に集める）
- **利用可能性**（興味のある情報は知覚しやすい→ P40）

**プラシーボ効果**

- **固着性**（思い込みに固着する→ P58）
- **利用可能性**（自分の興味あることだけを知覚する）

## 「時間的選好」も ヒューリスティックの１つ

直感で考えるヒューリスティックには利用可能性、代表性、固着性の3つに分類されないものもあります。時間的選好と社会的選好です。

**時間的選好**とは、人は将来よりも現在を重視する傾向にあることです。人は将来得られる大きなメリットよりも、今すぐ得られる楽しみを選んでしまいます。

P70へ

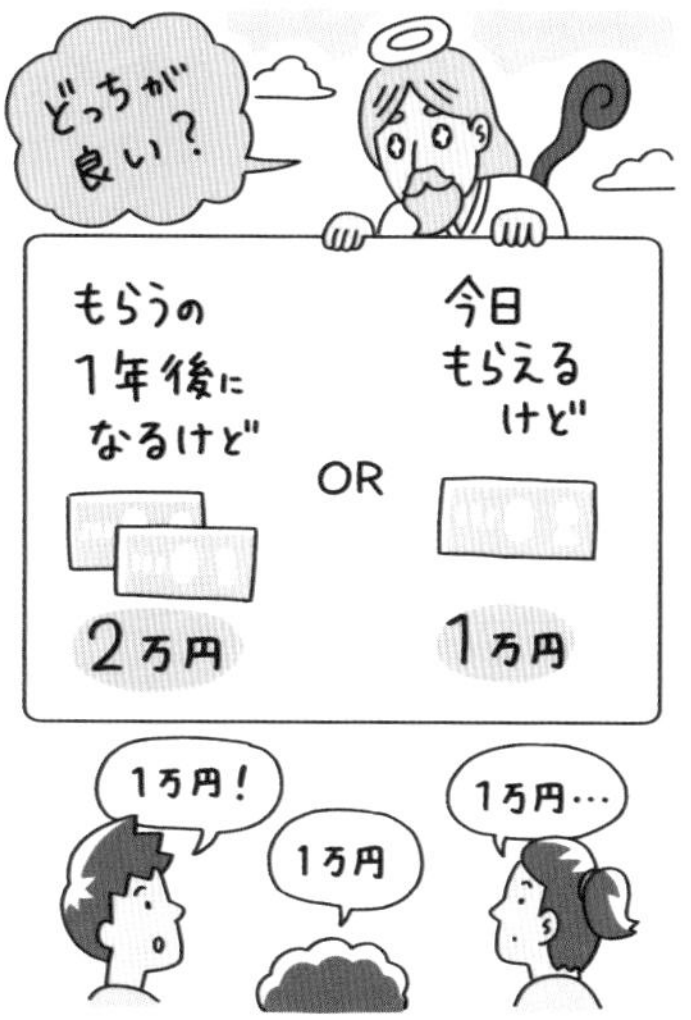


## 周囲に配慮する「社会的選好」も非合理的

社会的選好とは、他人を気遣うこと。合理的に考えれば、自分のことだけを考えて行動するはずですが、人は他人も大切にする性質を持っていて、自身が損をするような、非合理的な行動を取ってしまうこともあるのです。

また、周囲の目を気にして行動を決定するのも社会的選好の1つ。こうするべきなのが社会の常識、みんなと同じものだと安心する、というような考え方です。

P74へ

Question

# 意思決定には時間が関係している？

時間的選好

明日取引先に提出する資料の作成が終わっていません。
仲の良い同僚に飲みに誘われたら、どうしますか？

**A** 誘いを断り、仕事を優先して残業する
**B** 飲みに行く（「明日だけで終わるだろう」と思う）

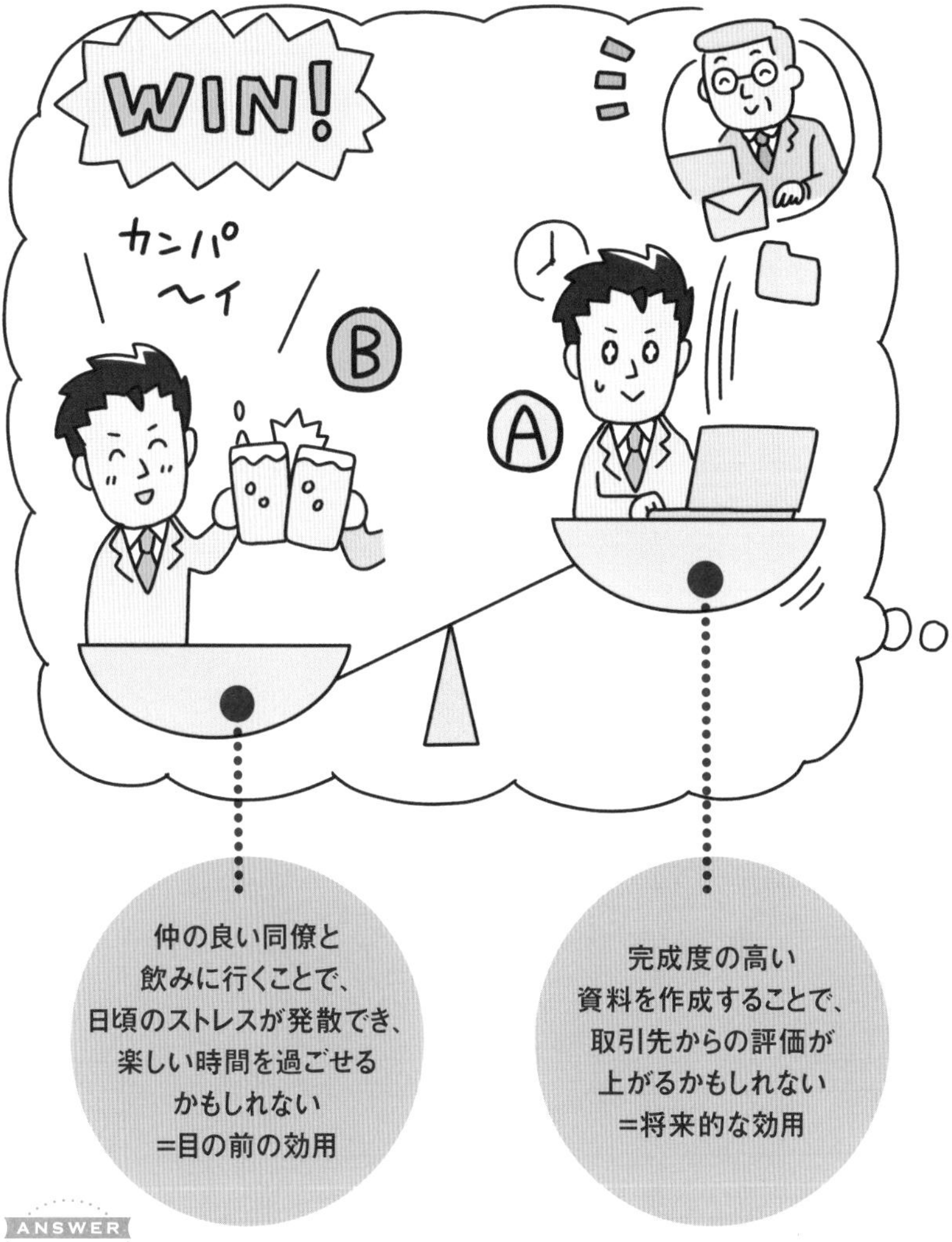
WIN!
カンパ〜イ
B
A
仲の良い同僚と
飲みに行くことで、
日頃のストレスが発散でき、
楽しい時間を過ごせる
かもしれない
=目の前の効用
完成度の高い
資料を作成することで、
取引先からの評価が
上がるかもしれない
=将来的な効用

ANSWER
A

## 人は「今」を重視する

人は、将来的なメリット（取引先に喜ばれる）よりも、今のメリット（飲みに行く）を大きく感じる傾向があります。

ANSWER A

# 人は「今」を重視する

前ページの例では、「取引先との約束を守り信頼を積み重ねていくこと」のほうが将来的にはメリット（効用）が高いとわかっていても、多くの人が目の前の「飲みに行く」という楽しみ（効用）を選んでしまいます。実は、人間が効用の大きさを感じ取る時、現在に近いほど大きく感じ、先のことになればなるほど小さく感じます。これを「**時間的選好**」と呼び、今の効用を過大に評価することを「**現在バイアス**」と呼びます。

時間と効用（メリット）の関係性

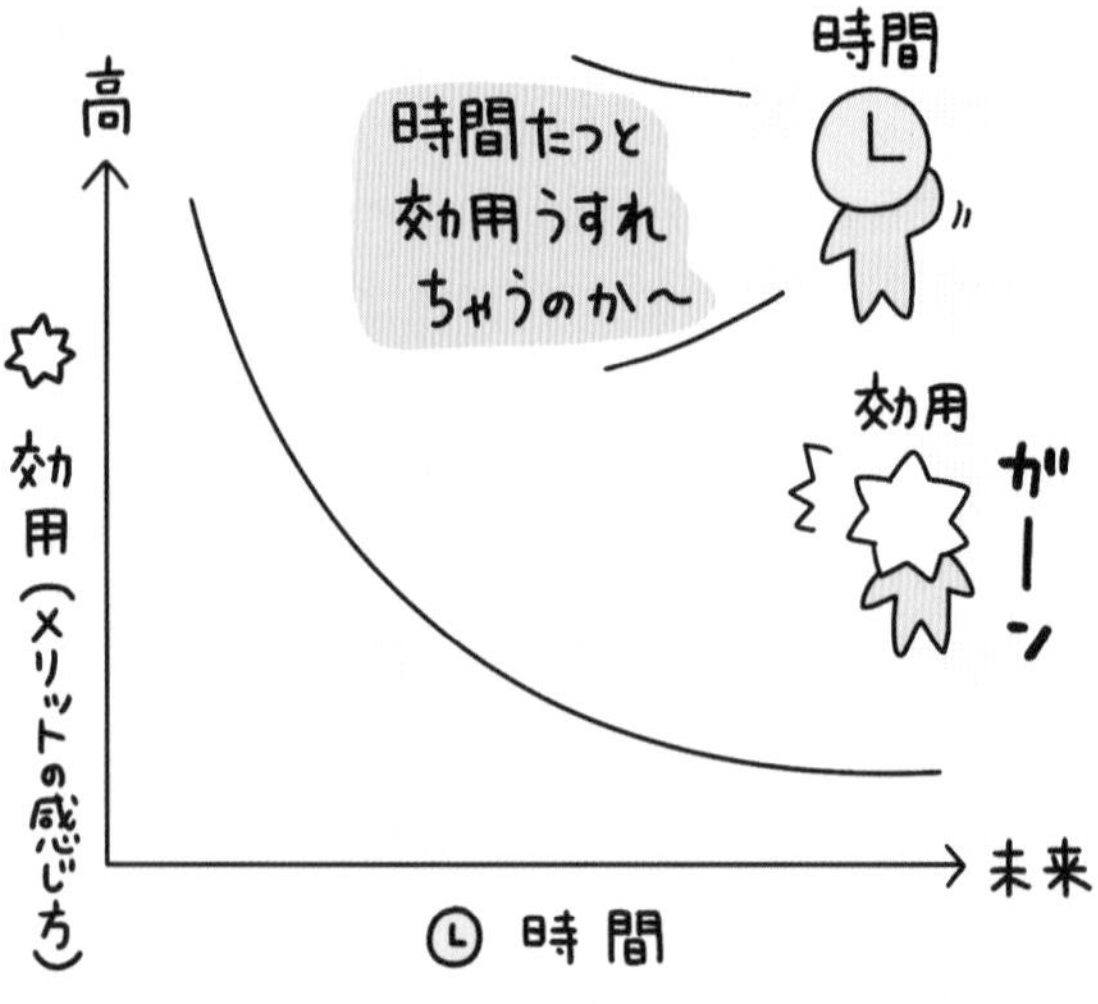
高
効用（メリットの感じ方）
時間たつと効用うすれちゃうのか〜
時間
効用
ガーン
未来
時間

グラフが示すように、感じる効用の下がり幅は現在に近いほど大きく、遠いほど小さくなります。

## 「今」に近いほど効用は高くなる！

#現在バイアス

「今すぐもらえる1万円と、1年後にもらえる2万円」を比較した場合、年利100％（1年で倍額）になる後者を選ぶのが合理的。しかし、実際に多くの人が選ぶのは前者。冷静に考えればどちらが合理的かはわかりそうですが、実際には現在バイアスが働き、今もらえる1万円を過大評価してしまいます。人は、**今すぐ手に入る効用（お金や楽しみ）に、大きな価値を見出している**のです。

1年後の2万円より、今日の1万円のほうが嬉しい？

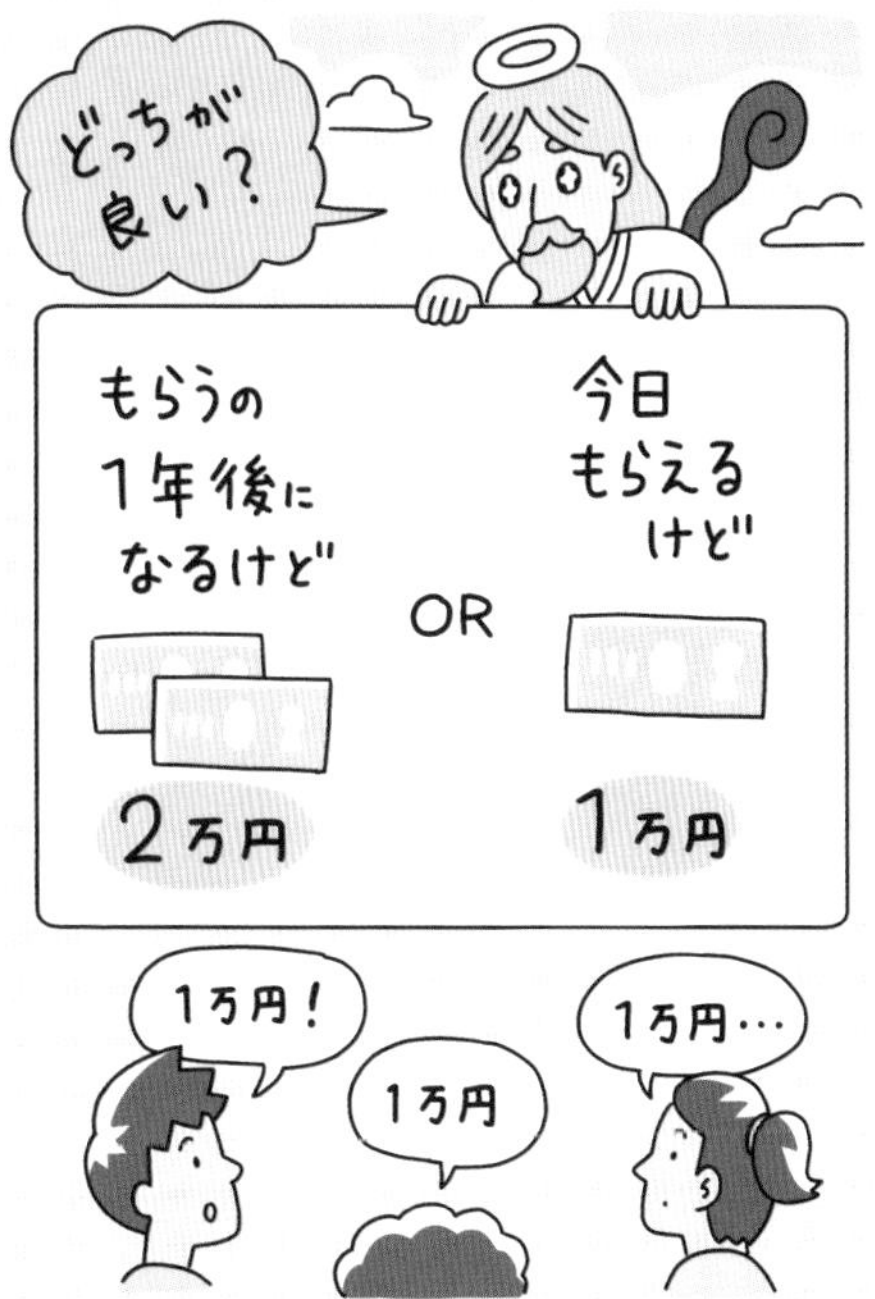


「今すぐもらえる1万円と、1年後にもらえる2万円」、あなたはどちらを選びますか？
合理的に考えれば後者を選ぶはずです。しかし、実際に多くの人が選ぶのは前者です。これも現在バイアスが働いている証です。

Question

# 人は自分勝手に物事を決められない？

社会的選好

どうしよう・・・！
みんなと
いっしょに
しようよ～
みんなが
見てるわよ！

伝統的な経済学が想定した人間の特徴の1つが「超利己的」。自分のことだけを考えて、他人は顧みない性質ですが、その反対に、実際の人間のふるまいを特徴づけるのが、「**社会的選好**」です。意思決定をする際、周囲の意見も取り入れたり、言われなくても勝手におもんばかったり、さらには、周りと比べたりしてしまう。常に他人を意識する人間特有のふるまいを考慮するのも行動経済学の特徴の1つです。

ANSWER
A

**人は常に他人を意識する**

他の人と同じものを持つことで安心したり、逆に他の人と違うものを持つことで優越感にひたるなど、人は常に他人を意識しています。

みんなと違うほうが
良くない？

**他の人を気遣う**

**知らない人が困っていたらやさしくする、目の前の人のために骨を折るなど、人はすぐに見返りがないのに行動することがあります。**
**【→P79】**

今は損だけど
戻ってくるぞ〜

ANSWER A

# 人は常に他人を意識する

#スノッブ効果

白や黒やシルバーの車が圧倒的に多い中で、黄や赤のような珍しい色の車を販売店で目にすることがありますが、これは「他人とは違うものが欲しい」というニーズによくマッチしています。このように人と同じものを避けようとする心の動きは「スノッブ効果」と呼ばれます。

これによって、実際の市場では、手に入れづらいものほど需要が高まり、簡単に手に入るものほど需要が低下することもあるのです。

最近黒い車が流行しているから
ぼくは黄色の車にしたよ！
服も
黄色だ!!

# 人と同じ行動を取ってしまう

## #同調効果　#バンドワゴン効果

自分の考えを周囲に合わせたり、周りの人と同じ行動を取ろうとすることを**同調効果**や**バンドワゴン効果**といいます。「赤信号、みんなでわたれば怖くない」のように、たとえ間違った行動であっても、周囲に合わせることを優先してしまう場合もあるのです。

# 人より高い買い物で特別感を得る

## #ヴェブレン効果

商品の実用的な効用だけでなく、価格や特別感によって、その商品を手に入れることに価値を見出すことを**ヴェブレン効果**といいます。消費者の自己顕示欲を刺激する高級車やブランド物のバッグがよく売れるのはこのためです。

QUESTION

Q

# なぜ他人に対して親切に接するのか？

これお子さんにいかが？
それとコレお土産！ハイ！
バッ
ババッ
ウルトラドラ焼き
あとアメたべる？
ハ、ハイ！
いきおいがすごい…

今日初めて会ったばかりの相手なのに、
帰り際にお土産を持たせようとしてくれています。
なぜ人は、親切に接するのでしょうか？

ANSWER A

# 親切は自分に巡ってくると考えるから！

#互恵性

食事をご馳走したり、プレゼントをあげたり、知り合いに対して親切な行いをするのは**「互恵性」**が働いているから。互恵性とは、自ら犠牲（コスト）を払って、見返りを求める心理的性質のことで、相手からのお返しがあることを想定しています。

また、右のイラストのようなケースでも互恵性が働くことがわかっています。これを特に、「間接互恵性」といい、人は自分が親切にふるまうと、それを見た誰かから親切を受けられるかもしれないと考えるのです。まさに、「情けは人の為ならず」を体現しています。

返報性を利用して従業員のやる気を誘う

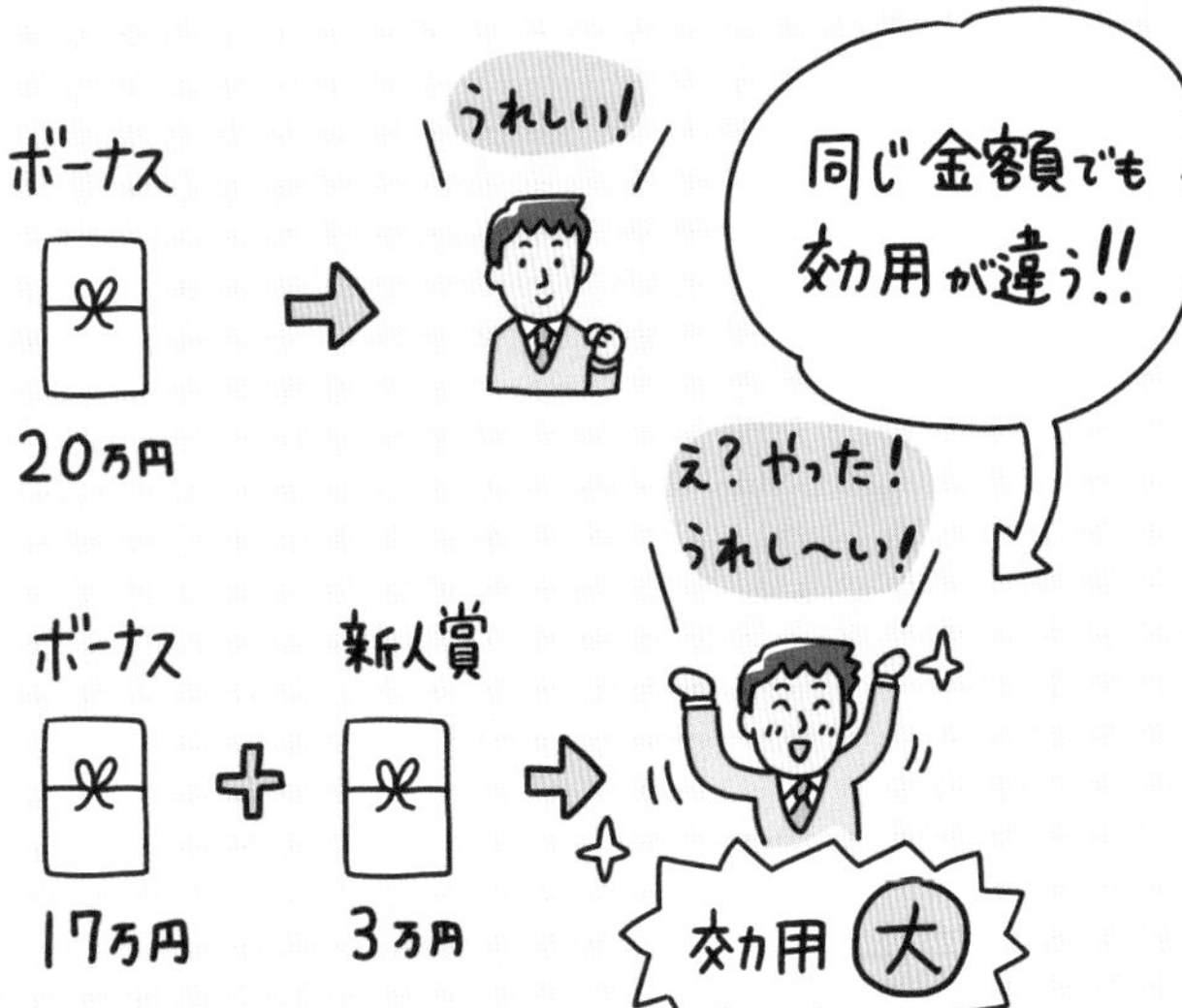


20万円のボーナスを支給する時、内訳を17万円のボーナスと、3万円の新人賞とすることによって従業員のやる気が向上します。これは従業員が、「しっかり働かないと次は同じ金額を受け取れないかもしれない」と感じるからです。このような性質を、互恵性の中でも特に、「**返報性**」と呼びます。

QUESTION

Q

# 見返りがなくても親切にするの？

ある兄弟の兄が、
父からお小遣いとして1000円をもらいました。
弟はこのことを知らないにもかかわらず、
兄は半分の500円を差し出しています。
いったいなぜでしょうか？

ANSWER A

# 親切にすることで自身の効用も高まる

#利他性

右の例を一見すると、兄が幼い弟を思いやるのは当然だ、と考えるかもしれませんが、兄弟でなくてもこのようなことが起こるのです。これは、「独裁者ゲーム」という実験で説明できます。

この実験は、赤の他人同士であるAとBの2人組において、Aがお金を受け取ると、何も知らないBにもお金を分配するというもの。独り占めしたほうが得なのに、Aは自ら損をしているのです。

これは、人間に備わる「**利他性**」によるもの。相手の効用が高まることを純粋に喜ぶという性質で、見返りを求めない点で互恵性と異なります。

弟が知っている場合は?

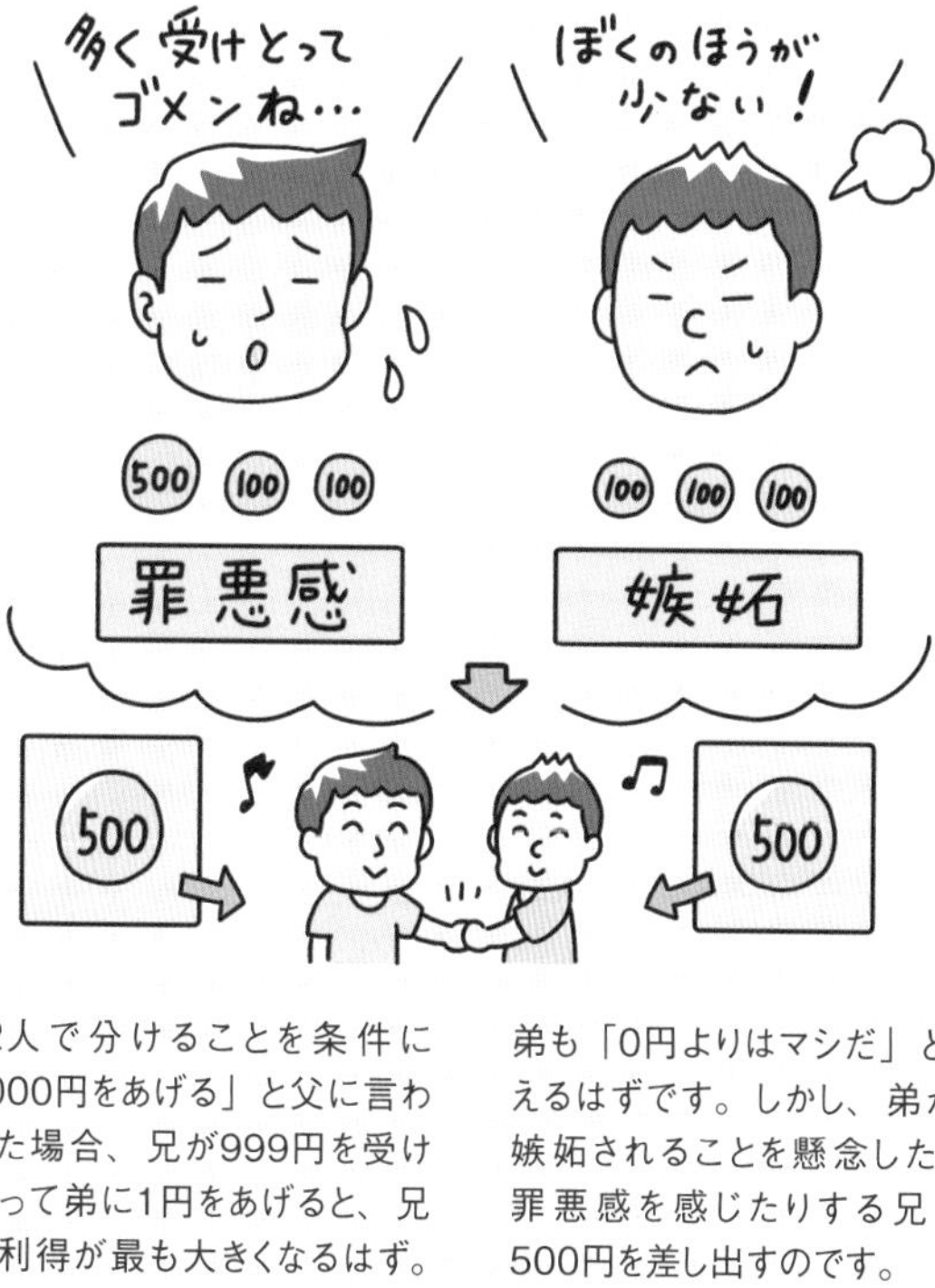
多く受けとって
ゴメンね…
ぼくのほうが
少ない!
500
100
100
100
100
100
罪悪感
嫉妬
500
500

「2人で分けることを条件に1000円をあげる」と父に言われた場合、兄が999円を受け取って弟に1円をあげると、兄の利得が最も大きくなるはず。弟も「0円よりはマシだ」と考えるはずです。しかし、弟から嫉妬されることを懸念したり、罪悪感を感じたりする兄は、500円を差し出すのです。

第3章

## 意思決定の仕組み

# プロスペクト理論

この章で紹介する「プロスペクト理論」は、行動経済学において最も代表的な理論で、これを提唱したダニエル・カーネマン（→P27）は2002年にノーベル賞を受賞しています。プロスペクト理論とは、たとえば投資のように選択に損得や確率が関係する不確実な状況において、人間がどのようなプロセスを経て意思決定するのかを説明する理論です。実際には、次のページにあるような2つのステップを踏んで、最終的な行動を決定していると考えられています。

# 意思決定のプロセス

## STEP 1　編集段階

意思決定の前段階で、前処理ともいわれる。自分に与えられた選択肢を認識して基準となる「参照点」が決まり、次のステップ（評価段階）へと進む。文脈に影響を受ける。

20万円
ほしいけどガマン!!
20万円
いらっしゃいませ〜

前処理　P98

## STEP 2　評価段階

1000円なくした!!
1000円ひろった!
損 > 得

### 損得を勘定する

価値関数　P84

編集段階で決定された参照点を基準に、各選択肢を評価するステップ。

大丈夫なの?
成功率は99%の手術です

### 確率を計算する

確率加重関数　P94

選択するにあたって、関係のある各事象がどのくらいの確率で起こるかを考えるステップ。

## 行動の決定!

編集段階と評価段階を経て、どの選択肢が自分にとって最も効用（満足度）が高くなるかを判断し、最終的にその行動を取る。

20万円
それ…ください!
宝くじ当選!!
ド〜〜ン!
20万

Question

# 人は損と得を合理的に見分けられる?

価値関数

A
絶対に
100万円もらえる!
期待値は同じ
必ず100万円が手に入ると聞いて、多くの人が群がっている。
100万円×
100%=
100万円
ワイ
ワイ

A 絶対に100万円もらえる

B 50%の確率で200万円もらえるが、残りの50%は0円

どちらが選ばれる?

期待値とは……

ある選択を行った時、その結果として得られる値の平均値。上記のケースでは、手に入る見込みの額のこと。「金額×確率」で求められる。

## 損失ではリスク志向的になる

逆に、お金を失う選択肢の場合はリスクを選ぶ人が増えます。絶対に100万円失うより、たとえ50%の確率で200万円失ったとしても、残り50%の確率で一銭も失わないチャンスに賭けたいと思う人が増えるのです。【→P89】

期待値が100万円なのは同じはずなのに、こちらは少数。1円も得られない可能性があるため不人気に。

B
50%の確率で
200万円もらえる!
でもこちらは選ばれない

200万円×50%=100万円

ANSWER A

### 得よりも損を重く感じる

AとBの期待値は同じ。でも得な状況下では、人はリスクを回避して確実性を好むため、100%もらえるAを選ぶ人が多いのです。

ANSWER A

# 得よりも損を重く感じる

儲けた時の嬉しさと損した時の悲しみは、同じ金額でも心理的インパクトが異なります。プロスペクト理論では、この損得の感じ方は「**価値関数**」で表現され、それは、次ページのようなグラフで表されます。

グラフの縦軸は損得に対する感情の動きを、横軸は損得の客観的な価値を表します。これを見ると、利益を得た時よりも、同じ金額を失った時のほうが大きく反応することがわかります。額が同じなら、儲けた喜びより損したダメージのほうが約2倍大きい。だから、人は損失を回避しようとするのです。これを**損失回避性**といいます。

## 同じ金額なのに、心理的インパクトは大きく異なる

次ページのグラフにあるように、1000円儲けた時の嬉しさを「1」とすると、1000円損した時の悲しみは「2.25」。人が感じる損得は、損のほうが心理的に重いのです。

## 損得が大きくなると感覚が鈍くなる

1杯目のビールは、2杯目、3杯目より格段においしくありませんか？

同じようにギャンブルでも、最初の1万円の負けは、追加の1万円の負けより悲しく感じるでしょう。

このように、利得にせよ損失にせよ、参照点（↓P92）から離れるほど感覚が鈍ってきます。価値関数の形状はこのような収穫逓減《ていげん》の現象も表しています。

損は得の2.25倍重く感じる!　収穫逓減《ていけん》!

**プロスペクト理論の価値関数**

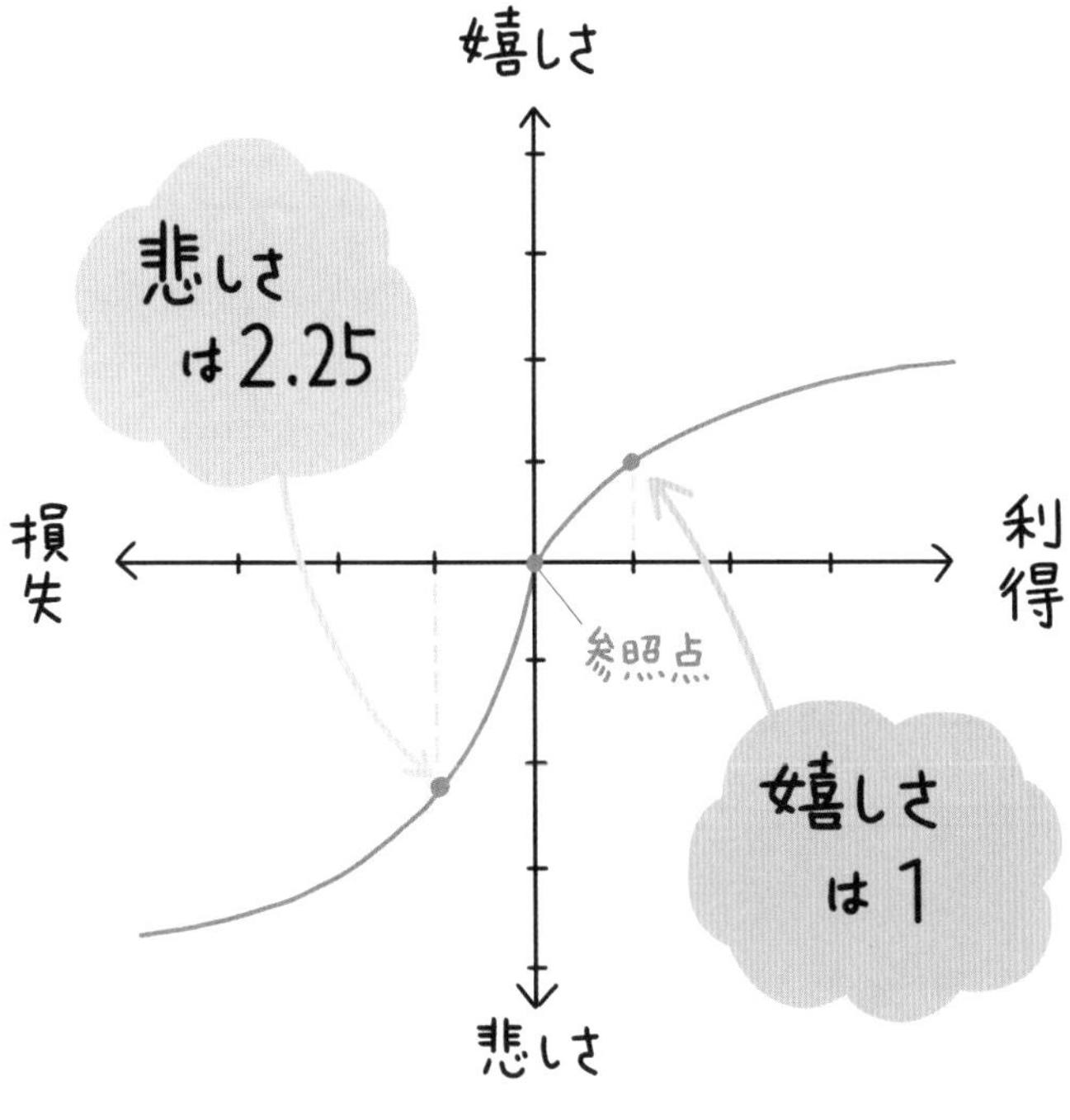

ANSWER A

# 得をする時はリスクを避ける

#リスク回避的

下のイラストのようなケースでは、ほとんどの人が「絶対に600万円もらえる」ほうを選びます。

84〜85ページで紹介したように、人は目の前に利益があると、それを確実に得ようとする傾向があるのです。

このような心の動きを**「リスク回避的」**と呼びます。

## 「絶対に」に人は集まる!

確実性の高いほうに人が殺到しています。「最低でも200万円がもらえる」という明らかなメリットがあるにも関わらず、「絶対に」もらえる600万円と比べると、損をする選択肢に見えてしまう。これが行動経済学で実証された心の動きです。

絶対に 600万円 もらえる!!
ワイ
ワイ
600万円×100%
=600万円
期待値は同じ
200万円か 1000万円どちらか 50%でもらえる
(200万円+1000万円)
×50%=600万円

## 負けているとリスクを取りやすくなる

#リスク志向的

損失が出ている場面では、人はリスクを好みます。たとえば、カジノで20万円負けている状況。赤／黒のルーレットに20万円を賭けて、当たれば最終収支は0円になりますが、外れればマイナス40万円です。この勝負だけを見ると、当たれば20万円の儲け、外れれば20万円の損。合理的に考えれば、半数くらいの人が賭けをするはずです。しかし、負けがこんでいる場合は、多くの人が賭けに挑戦します。このような心の動きは「**リスク志向的**」と呼ばれます。価値関数（P87のグラフ）の形状が上に凸であればリスク回避的に、下に凸であればリスク志向的になることが知られています。

ギャンブルで負けている場合、大逆転を狙う人が増える！

Question

# 人や状況によって価値の感じ方が変わってしまうのはナゼ?

参照点

臨時ボーナス
5万円だ!
2万円だと思っていたので
やった!!

部内の売上目標を達成し、
臨時特別ボーナス5万円が支給されました

なぜ、喜んでいる人と残念に思っている人がいるのでしょうか?

## 状況によって価値の感じ方が変わる

買い物をする際、状況によって基準が変わります。たとえば、相場を知っているものを購入する場合は、基準はそれを考慮に入れますが、相場を知らないものを購入する場合は、直前に見た価格札に強く引っ張られて基準が決まります。

ANSWER A

### それぞれが基準を持っているから

「2万円くらいもらえる」と予想していた人は「儲かった」と感じ、「8万円だろう」と考えていた人は「損をした」と感じます。

ANSWER A

# それぞれが基準を持っているから

伝統的な経済学では、人は超合理的なものと考えています。そのため前ページのような、臨時ボーナスが出る場合にはすべての人が喜ぶと考えます。ボーナスがない状態と比べればメリットがあるからです。

しかし、実際はそうではありません。同じ額のお金でも、人によって価値の感じ方が異なるからです。前ページのように、少ない金額を予想していた人は喜び、多い金額を期待していた人はショックに感じるのです。この基準をプロスペクト理論では「**参照点**」と呼びます。

## 事前の予想によって、喜ぶ人とそうでない人が出る

前ページの例では、「8万円もらえる」と考えていた人は、同様の経験をもとに、参照点（基準）が「8万円」になっています。もう一方の人は、臨時ボーナス自体が未経験。さまざまな理由から「2万円」と予想し（参照点になり）、「＋3万円」のギャップに喜んでいるのです。

## 状況によって参照点は変わる

参照点は、状況によって変化していきます。人は、物事の価値を相対的に判断する傾向があるのです。たとえば、普段あまり購入しないようなものについては相場を知らないため、自分の中に価格の基準がありません。そのようなケースでは、最初に見たものの価格が参照点に影響を与えます。最初に比較的に高額なものを目にすると、その後に見る価格を安く感じやすいのです。

このような対比によって印象（参照点）が変わることを「**コントラスト効果**」といい、店舗などで戦略としてよく使われています。

「高い」と感じるかどうかはどう決まる?

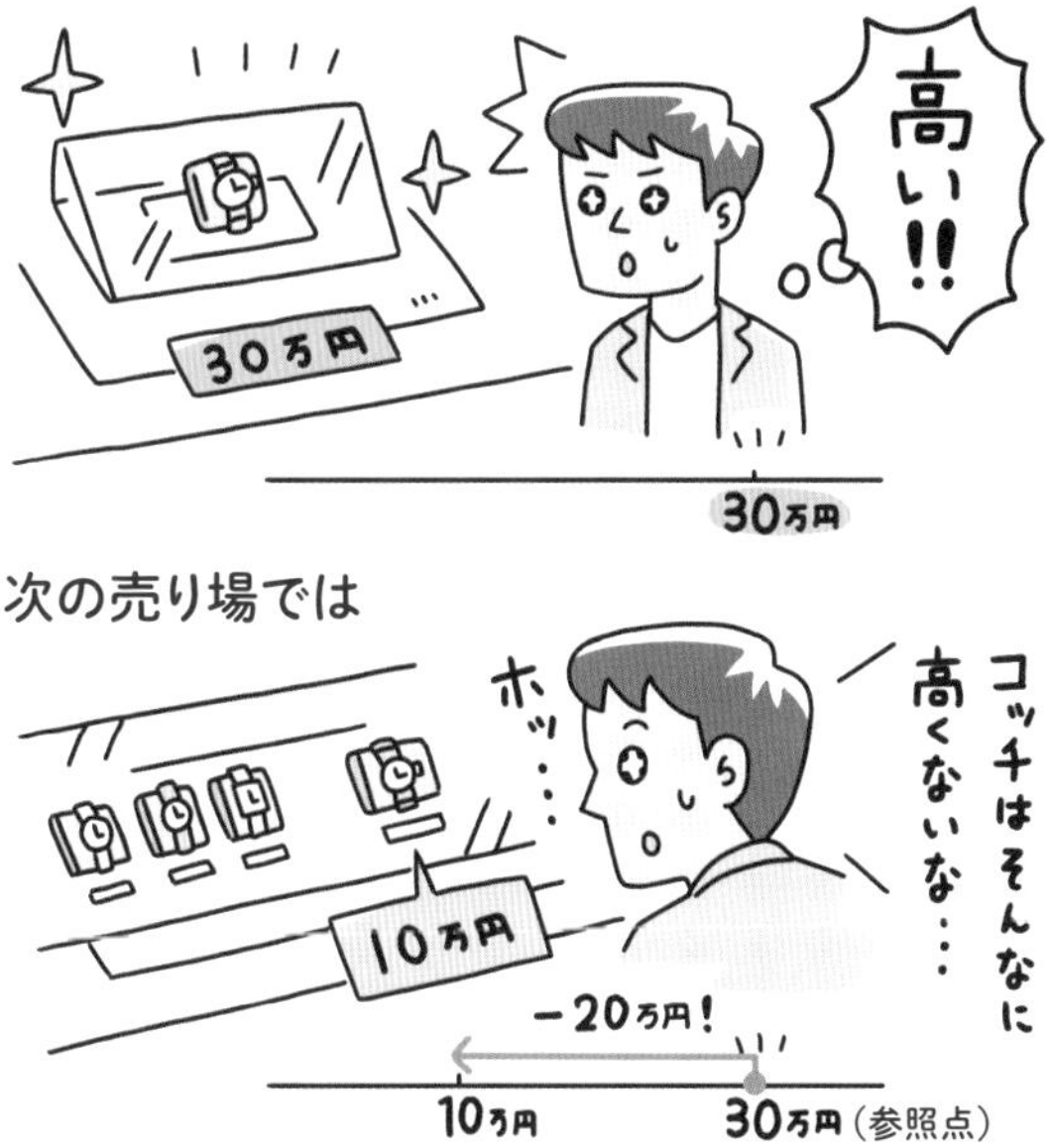


腕時計の相場感を知らない人が、初めて高級腕時計を買いに行った時に、10万円の時計を見て、「やっぱり高いな～」と感じたとします。

しかし、もしその人が最初に30万円の時計を見てから、次に10万円の時計を見たとすると「それほど高くない」と感じます。

Question

# 低い確率になるほど希望を感じてしまうのはナゼ?

確率加重関数

宝くじ
1億円
ワイ
ワイ
今年こそ宝クジ当てるぞ～!!

今まで1回も当たったことがなくても、宝くじには期待してしまいます

行列ができるほど人気なのはなぜでしょうか?

## 高い確率を過小評価することも

人は高い確率を過小評価する傾向も持っています。頭で理解しているつもりでも、確率を合理的（客観的）に評価するのは不得意なのです。

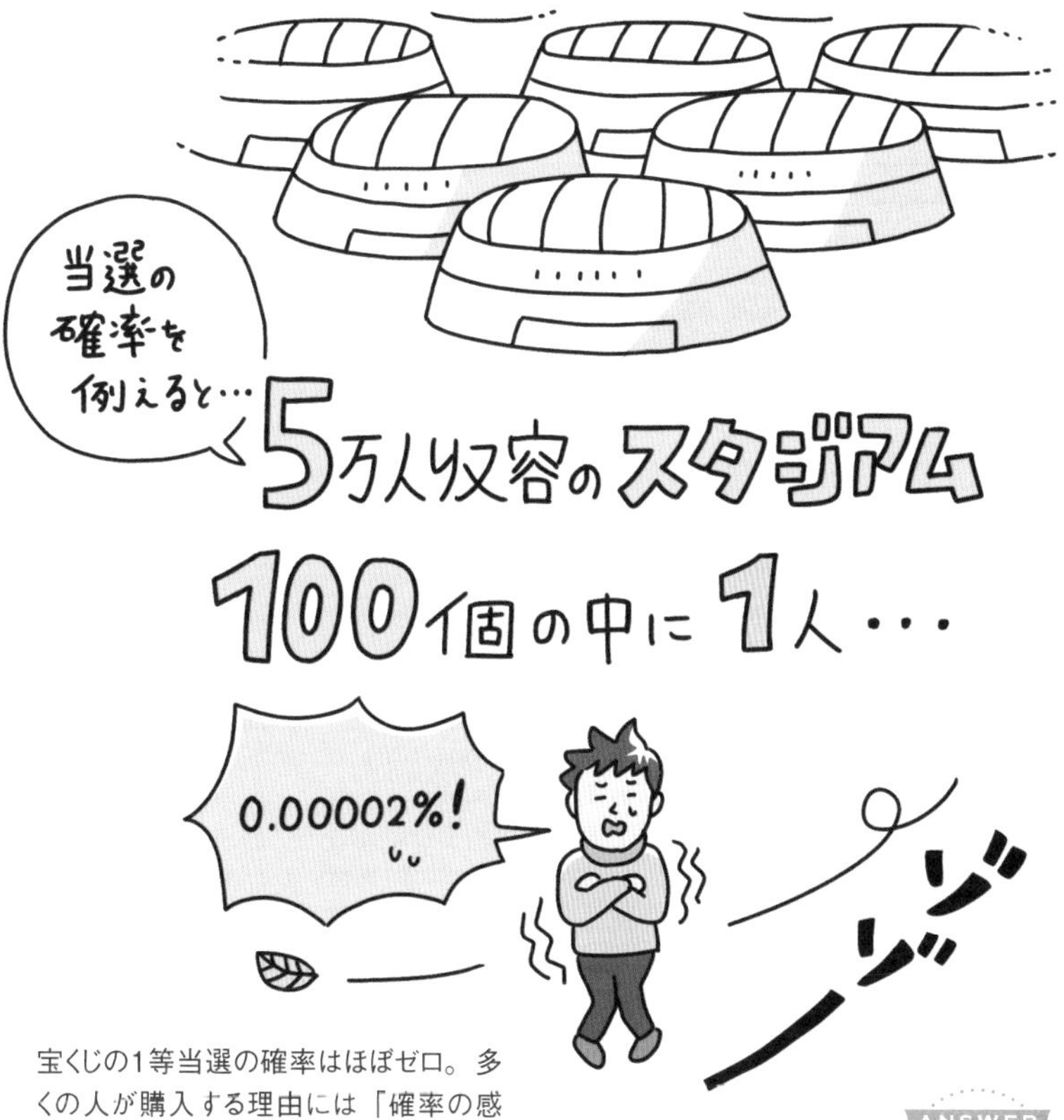


宝くじの1等当選の確率はほぼゼロ。多くの人が購入する理由には「確率の感じ方」が関係しているのです。

ANSWER A

### 低い確率を過大評価する

確率を合理的に評価すると、宝くじの人気は出ないはず。人は、低い確率を過大評価するため、宝くじにも関心が寄せられるのです。

ANSWER A

# 低い確率を過大評価する

人は、確率を正確にとらえるのが苦手です。人間の確率に対する感じ方を表したものを「**確率加重関数**」といい、プロスペクト理論の中核を担います。下のグラフの横軸は客観的な実際の確率、縦軸が主観的な確率の感じ方を示し、確率を正しく認識できるならば、グラフは45度の直線になるはずです。

しかし、実際は低い確率は過大評価され、高い確率は過小評価されるため、下のグラフのような曲線になります。だから、1億円が当たる確率は0・00002%(500万人に1人)といわれている宝くじに希望を感じる人が出てくるのです。

プロスペクト理論の確率加重関数を表したグラフ

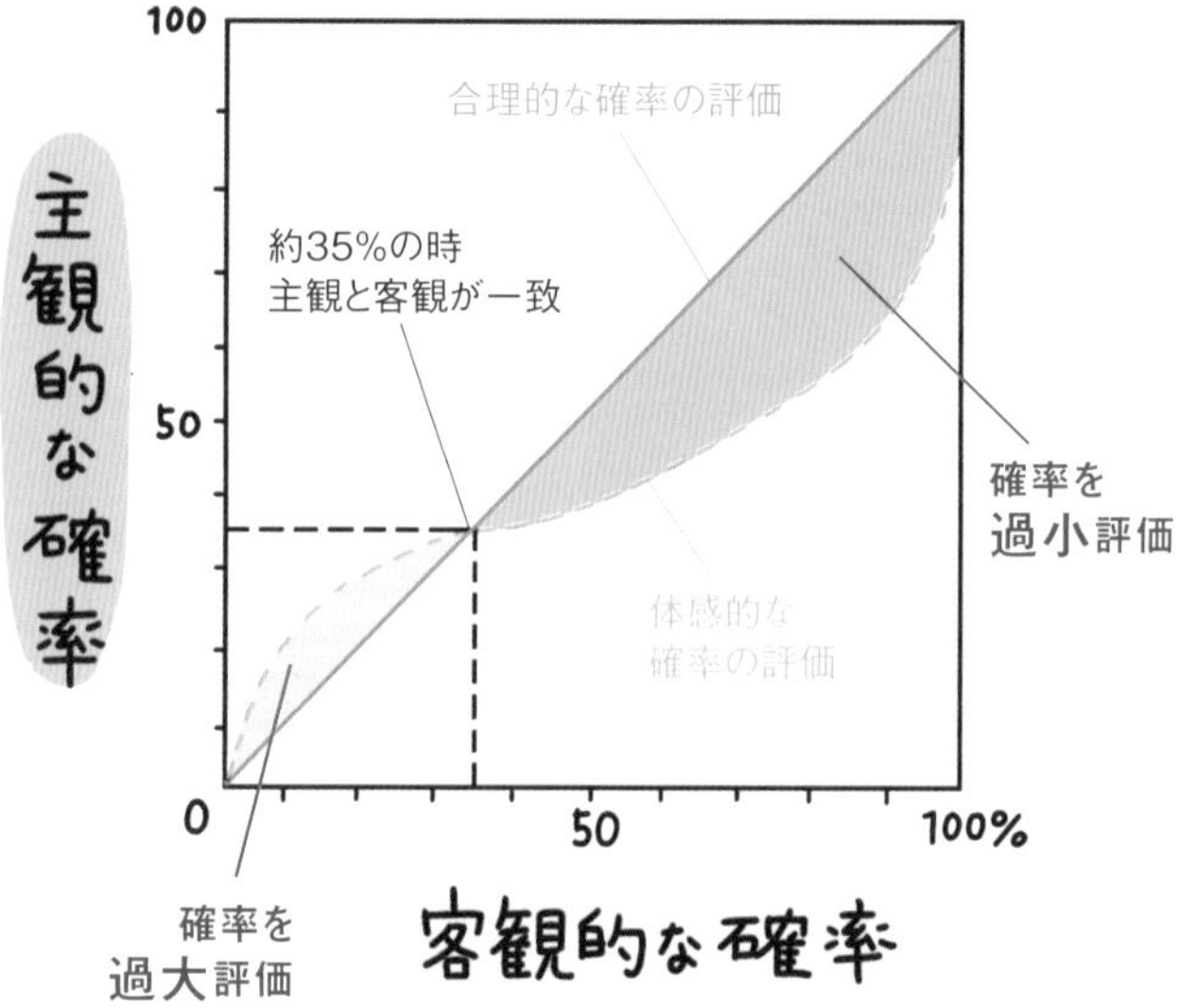
100
50
0
50
100%
主観的な確率
客観的な確率
合理的な確率の評価
約35%の時
主観と客観が一致
確率を
過小評価
体感的な
確率の評価
確率を
過大評価

## 「ほぼ確実」は、勘違いが起こりやすい

低い確率を過大評価し、高い確率は過小評価する傾向は、客観的な確率が0％や100％に近く、**ほぼ確実な時に、特に顕著になります。**

当たることはまれだとわかっているつもりでも宝くじの1等に期待したり、めったに起こらない飛行機事故を過剰に恐れたりするのはそのためです。

### 「ほぼ確実」では、より勘違いする

飛行機事故が起こる確率も過大評価されがちです。飛行機事故で死亡する確率は数百万分の1といわれています。自動車事故に比べると大幅に低いですが、確率が過大評価され、飛行機に乗るのを怖がる人が出てくるのです。

落ちたらどうしよう…!!
ブルブル…


### 命や生活に関わることは、さらに顕著

自分の命や生活など、重要かつ身近な事柄の場合、さらに確率を誤って認識しがちです。「この手術の成功率は99%」と言われた場合、実際よりかなり低く感じる人が多いようです。

大丈夫なの?
成功率は99%の手術です

Question

# お金の使い方はどう決める?

前処理

CONCERT
B
TICKET
¥10.000
なくしちゃった!
A
10000

A 1万円のチケットを買おうとすると、1万円を落としていたことに気がついた

B 1万円の前売り券を買っていたが、前売り券をなくしたことに気がついた

どちらの状況であれば、1万円を払ってコンサートを見たいと考えるでしょうか?

### 手に入れた方法で使い方が変わる

たとえ金額が同じであったとしても、汗水たらして稼いだお金は慎重に使い、ギャンブルで手に入れたお金は無駄遣いしがちになります。

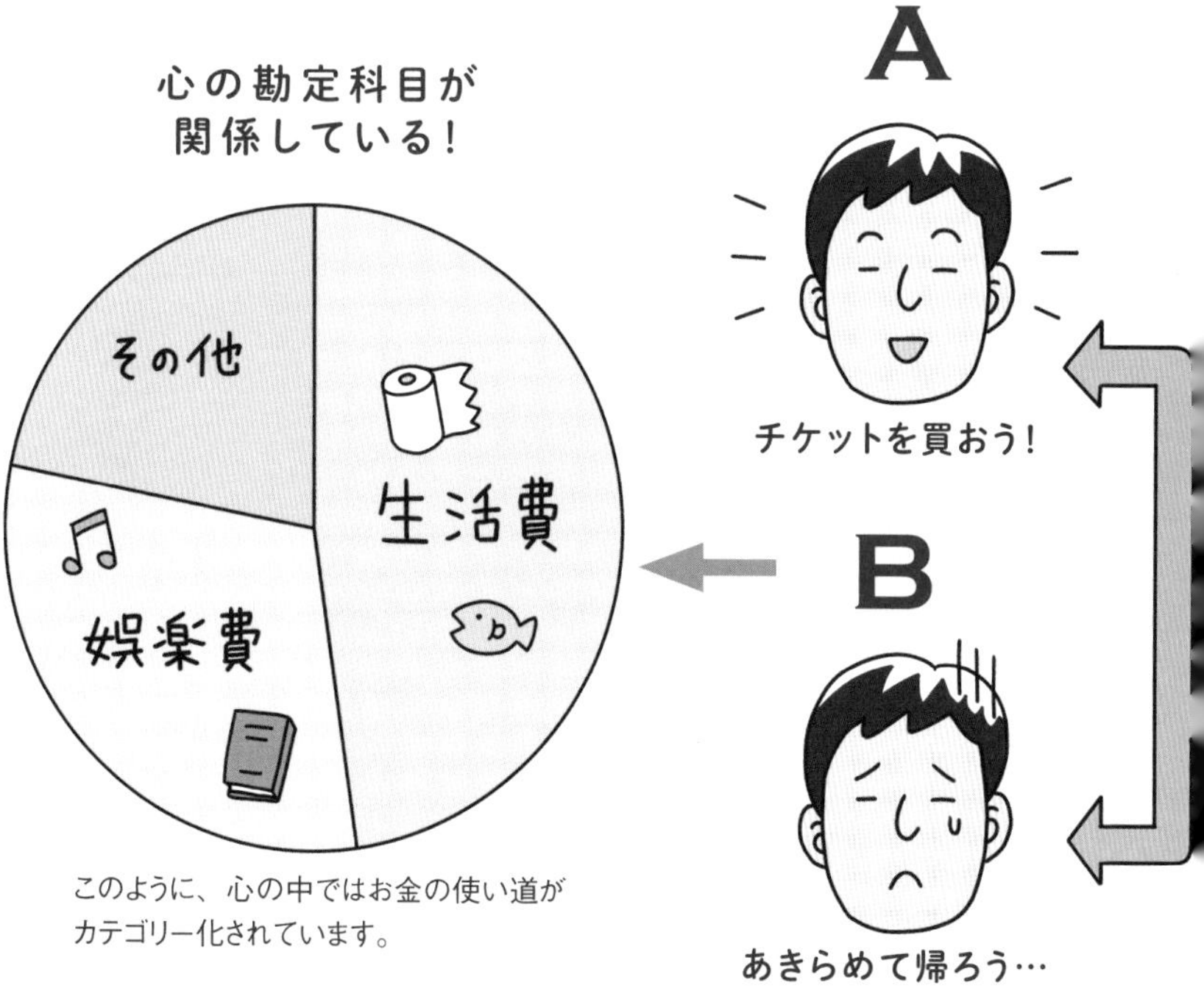

A
心の勘定科目が関係している！
その他
生活費
娯楽費
チケットを買おう！
B
あきらめて帰ろう…


このように、心の中ではお金の使い道がカテゴリー化されています。

ANSWER A

## 心の口座が意思決定を左右する

人は頭の中で、月の支出を生活費、娯楽費など、複数の口座に分けており、それぞれの口座の中でやりくりを行っています。

ANSWER A

# 心の口座が意思決定を左右する

## #メンタルアカウンティング

損得や確率が関係する意思決定には、その意思決定のために状況を評価する、「**前処理**」という段階が影響を与えています。前処理では、選択肢を検討し、参照点が決まります。

この検討項目の1つに心の口座（カテゴリー）があります。頭の中で、生活費、娯楽費のように、複数の口座をつくり、それぞれの口座の中で費用対効果を最大限にするため、無意識のうちにやりくりをしているという考え方です。これを「**メンタルアカウンティング**（心理的勘定）」といいます。

### まだ使っていない1万円は「生活費」

チケットを紛失した場合、1万円＋1万円 ＝ 2万円が娯楽費に計上され、多すぎると感じてあきらめる人が多い。対して1万円を落とした場合は、生活費1万円のロスとして処理され、追加の1万円は、娯楽費として適切だと判断されるのです。

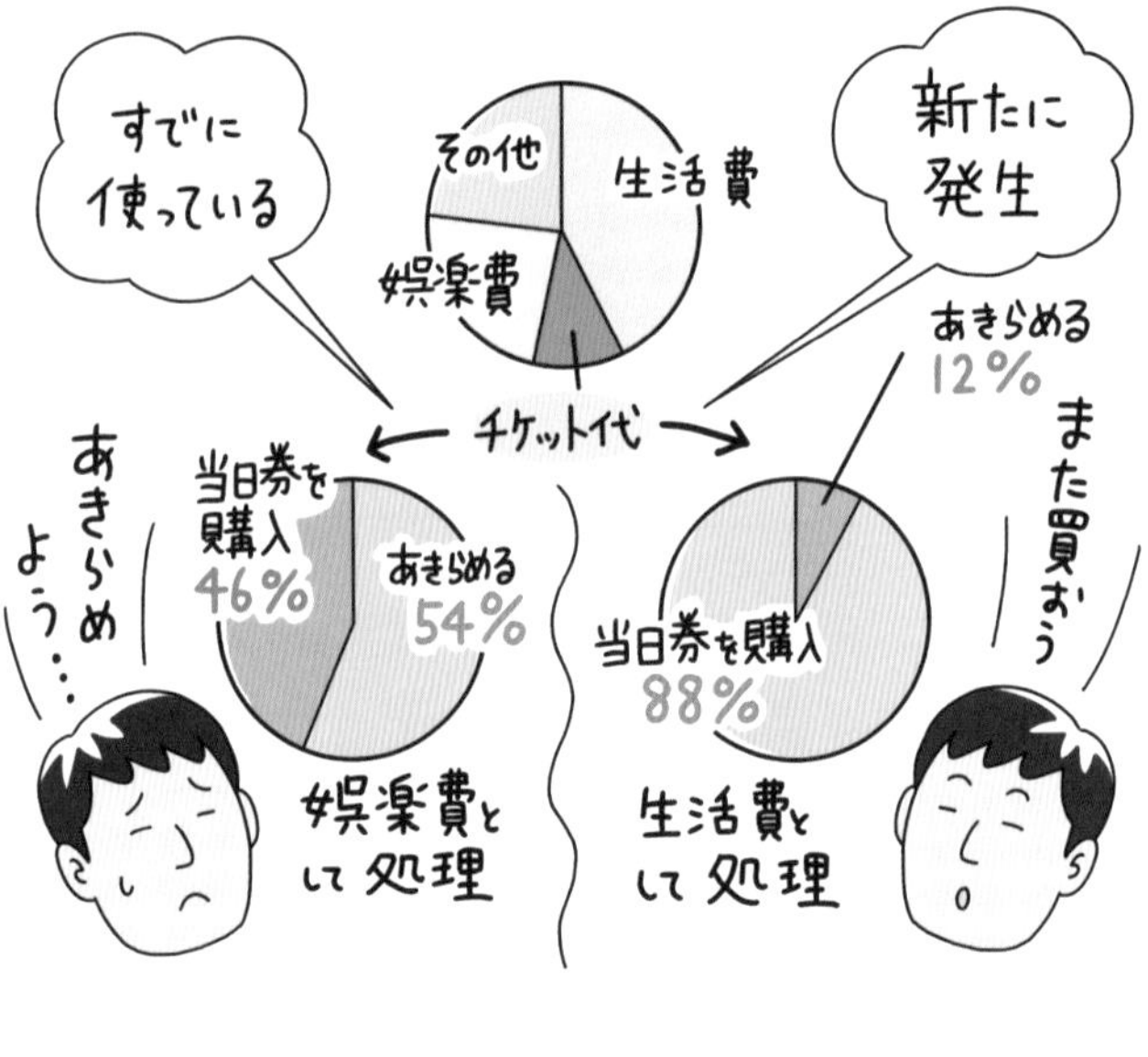
すでに使っている
その他
生活費
娯楽費
新たに発生
チケット代
あきらめよう…
当日券を購入 46%
あきらめる 54%
娯楽費として処理
あきらめる 12%
また買おう
当日券を購入 88%
生活費として処理

## 苦労して得たお金は大切する

### #ハウスマネー効果

どのようにして得たお金かによっても、使い方は変わります。超合理的に考えれば、どのお金も意味は同じはずです。

しかし実際は、働いて稼いだお金は、大切に使います。対してギャンブルなどで苦労せず手に入れたお金の使い方は荒くなりがち。このような傾向を「**ハウスマネー効果**」といいます。人は前処理の段階として、手元のお金に意味を付け加え、それをもとに使い方を決めるのです。

苦労して稼いだお金は…

いらっしゃいませ〜
ほしいけどガマン!!
20万円
20万円

転がり込んできたあぶく銭は…

宝くじ当選!!
ドーーン!
それ…ください!
20万
20万円

Column

## 解釈レベル理論

# 楽しみにしていたイベントが近づくにつれて憂鬱になる

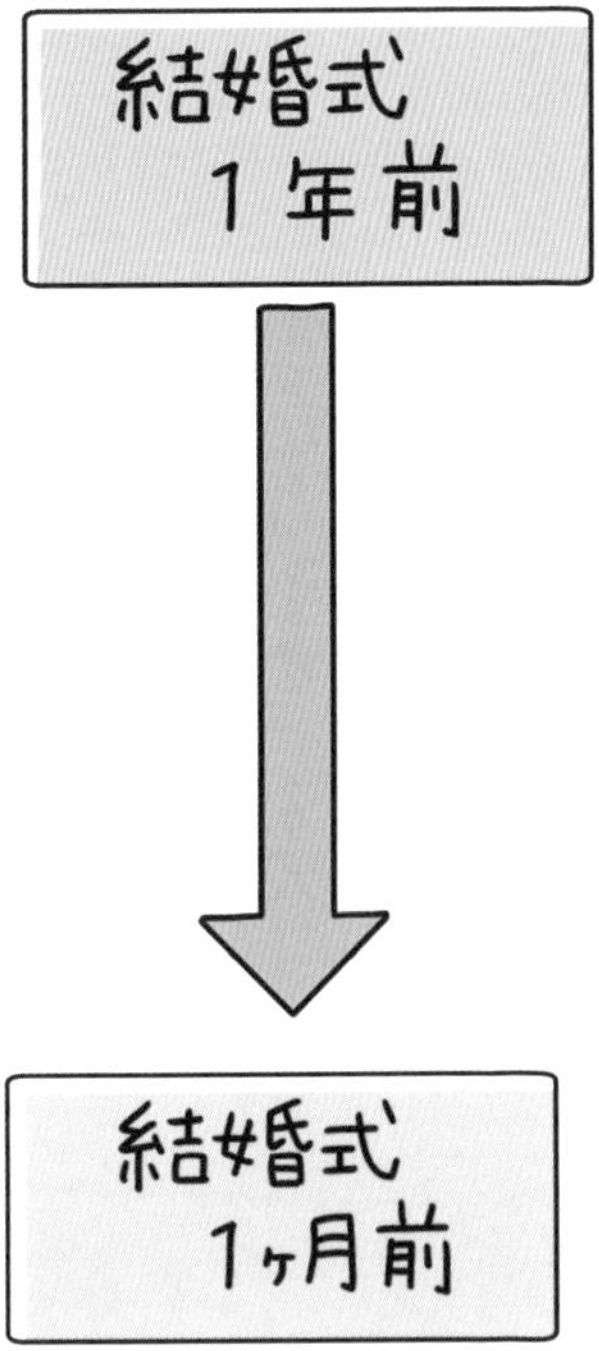

とても楽しみにしていた結婚の直前になると、憂鬱な気持ちになってしまう「マリッジブルー」。時間の経過によって、何が変わったのでしょうか？

望んだ結婚なのに、挙式に近づくにつれてさまざまな不安が芽生え、意思まで揺らいでしまうマリッジブルー。その原因は、結婚のメリットとデメリットに対する時間割引の違いで説明できます。時間割引とは「長期的に見れば価値が高いものでも今は魅力に感じない」ように、将来に発生する事象の現在価値は割り引いて換算されることをいいます。ここでは対象や出来事に対する心理的距離の遠近が評価に影響すると考える「**解釈レベル理論**」が有用になります。

### 時間割引を示したグラフ

下の図のように、将来に発生する事象について、現在（今日）の時点で人が感じる価値は、割り引かれています。

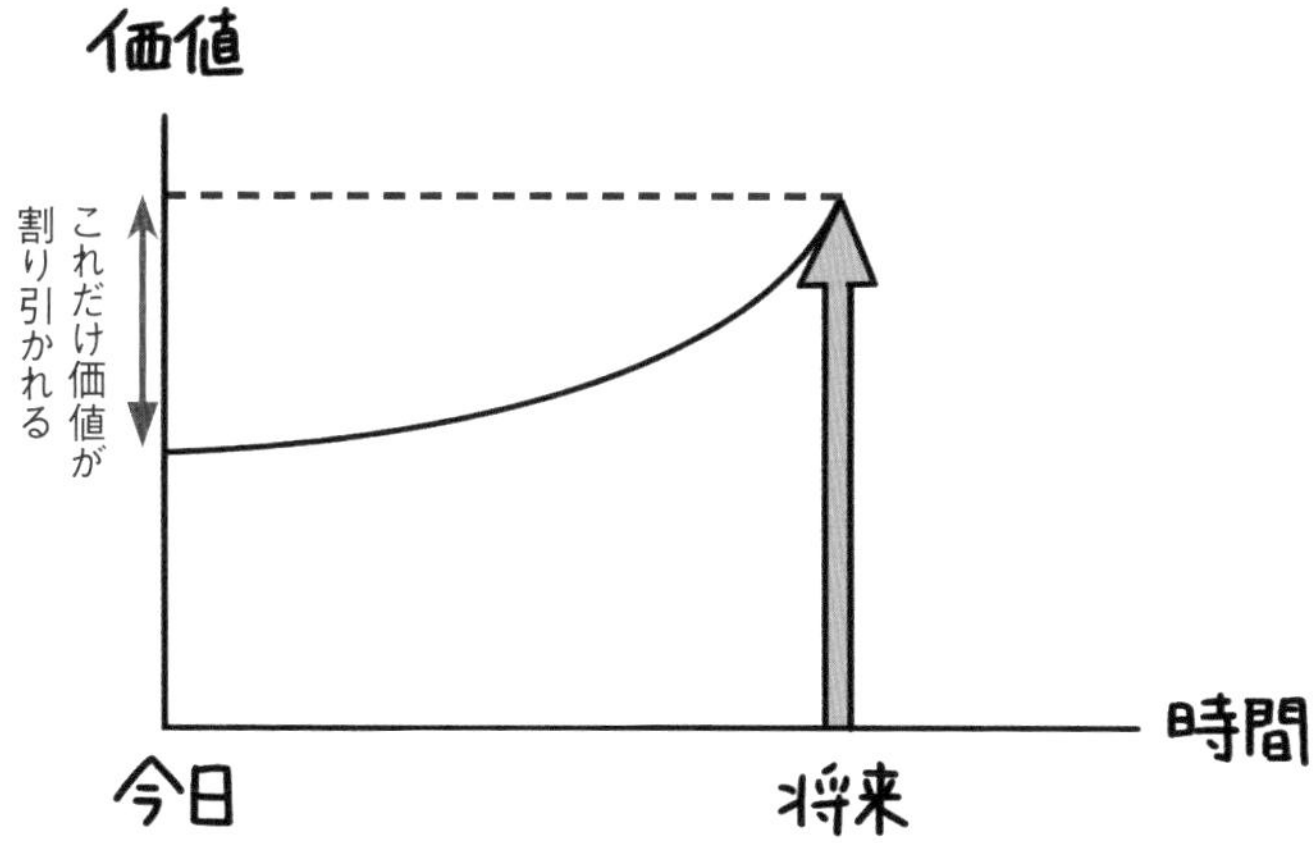
価値
これだけ価値が割り引かれる
時間
今日
将来

### 時間が経つと解釈が変わるから

人は、目の前の利得・損失を大きく感じ、将来の利得・損失は小さく感じます。結婚でさえ「やめる」選択をするケースもあるのです。

# 時間が経つと解釈が変わるから

**解釈レベル理論**とは、人は時間的距離が遠い物事については本質的な解釈（高次解釈）を行い、近い場合は具体的、副次的な解釈（低次解釈）をしやすいという考え方。そもそも、「一生伴侶と幸せに過ごす」という本質的な目的が「挙式の準備や2家族間の関係」などの副次的な要因を上回っていたため、結婚を決意。ところが高次解釈より低次解釈のほうが時間割引が大きいため、結婚式が近くなるにつれ、副次的な要因が本質的なものより大きくなり、選好が逆転する。これがマリッジブルーが起こる理由の1つです。

マリッジブルーが起こる理由

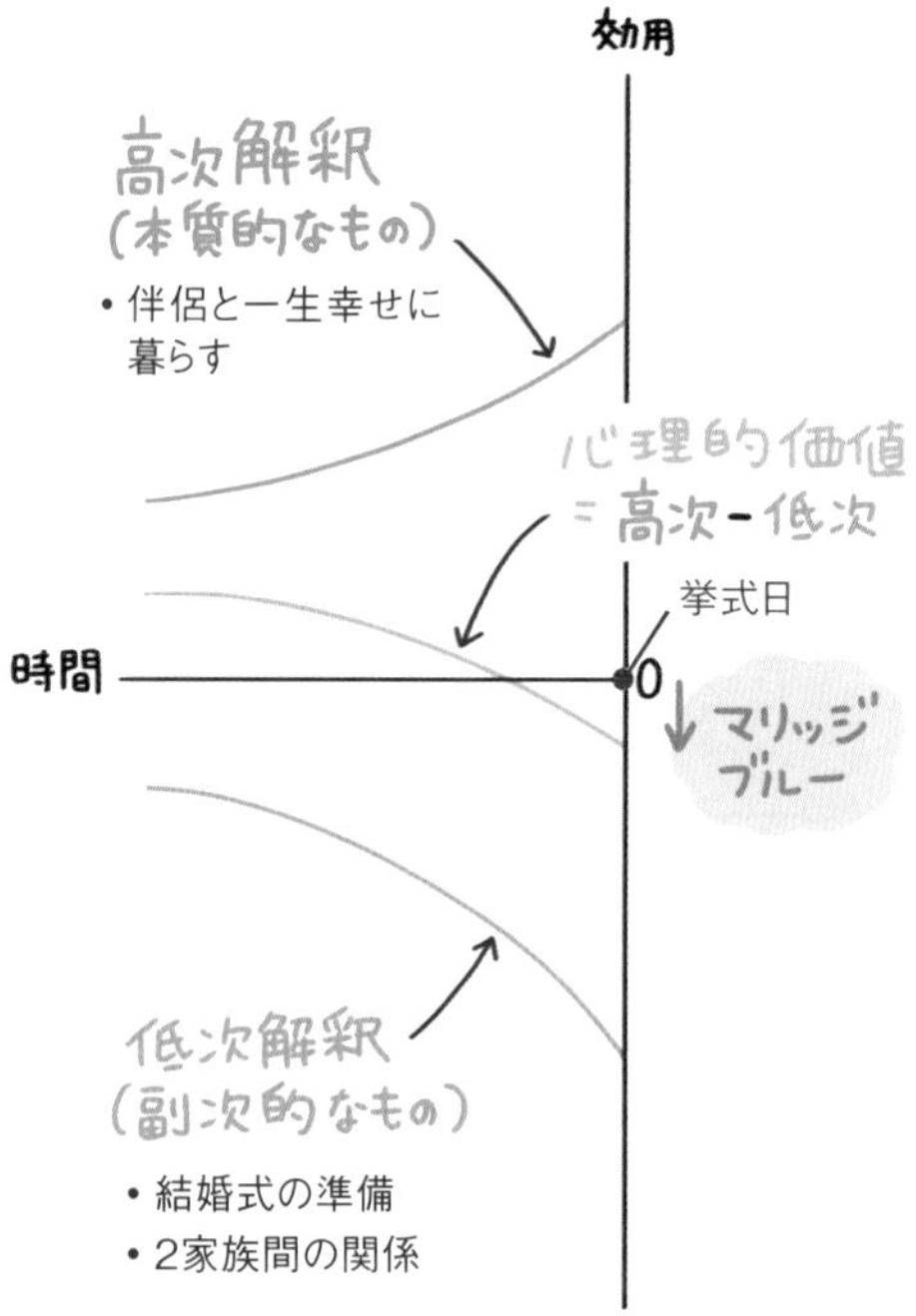
効用
高次解釈
（本質的なもの）
・伴侶と一生幸せに暮らす
心理的価値
＝高次－低次
挙式日
時間
0
マリッジブルー
低次解釈
（副次的なもの）
・結婚式の準備
・2家族間の関係

# 一時的な効用が勝ると選好の逆転が起こる

**#現在バイアス**

73ページで解説したように、人は目の前の利得を大きく感じます。たとえば、ダイエットすると決意したのに、ついケーキを食べてしまう。禁煙しようとしたにもかかわらず、目の前にあったタバコに手を出してしまう……。よくあることですが、これらはいずれも目の前の価値を大きく感じる**現在バイアス**によって、選好の逆転が起きた例です。

ダイエットも禁煙も将来的には大きな効用をもたらすのは明白なので、合理的に考えると我慢を選ぶはず。しかし実際は一時的な効用の誘惑に負けてしまうのです。**未来よりも現在を重視すると「選好の逆転」が起きるのです。**

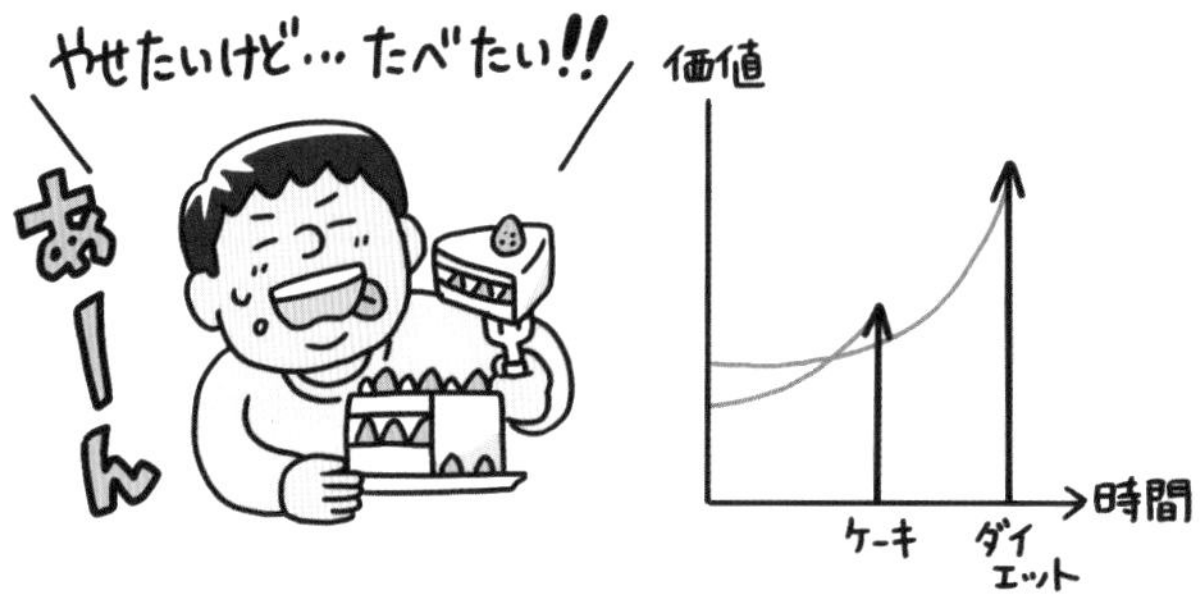


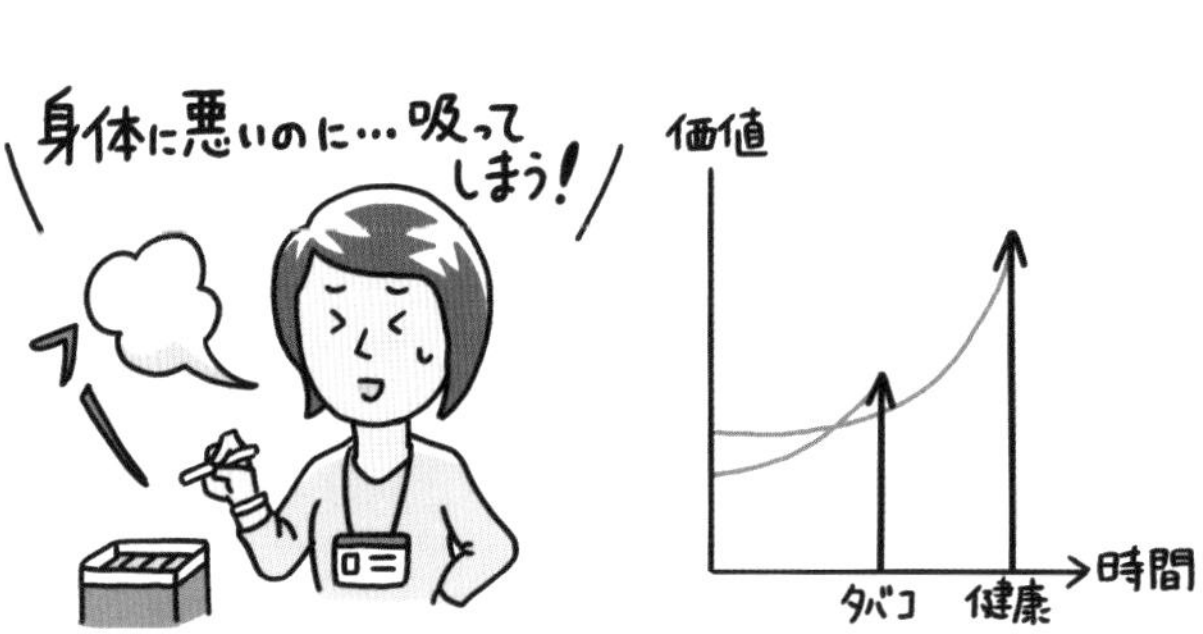

第4章

マーケティングに活かす!

# 行動経済学の活用事例

この章では、これまで紹介してきた行動経済学の理論などを、「マーケティング」に活用した事例を紹介します。マーケティングとは、商品やサービスを売るために取る戦略のこと。第1章でも言及しているように、双方の関係は、マーケティングの第一人者であるフィリップ・コトラーが、「行動経済学はマーケティングの別称に過ぎない」と言っているほど近いもの。マーケティングを知る上で、行動経済学は欠かせません。

## 1980円を安く感じたり…

## テレフォンショッピングに夢中になったり…

マーケティング成功事例 1

# 手間がかかる作りにしたらパンケーキミックスが売れ出した

Before

ラクなのに
売れなかった…
水を加えてまぜるだけ!!
ホットケーキ
ラクなんだけど…
手抜きって言われたくない


少しでも簡単に作れるほうが嬉しいはず。しかし、現実はそう単純ではありません。

**「ラクで手間いらず」なぜ売れない?**

水を加えて混ぜるだけのホットケーキミックス。材料いらずで手間もかからず、簡単・便利。味も上々です。さぞ爆発的ヒットになるかと思いきや、あまり売れません。

ところが、卵と牛乳を加える通常のパンケーキミックスに戻したら、よく売れるようになりました。いったい、なぜ? これには次の2つの要因が関わっていました。

要因1

## イケア効果

# 手間がかかるほうが価値を感じる!

### 価格以上の愛着が生まれるイケア効果

IKEAの家具やディアゴスティーニなどのパートワークがなぜ人気なのか。その理由の1つに「自分で組み立てる」ことが挙げられます。人間は、**自分が苦労して手を加えたものに対しては価格以上の価値と愛着を感じるから**です。前ページのホットケーキミックスの例でも、手間がかかるほうが手作り感やオリジナル感があり、支持されたのです。

顧客自身が組み立てるタイプの家具を販売するIKEA。その名をとって、このような心理的現象を「イケア効果」と呼びます。

要因2

社会的規範

# 家族からの評価が気になる

## 家庭にも影響を与える社会的規範

もう1つの理由は、手間いらずのホットケーキミックスを使う人が、家族の評価を気にしたこと。すなわち「手を抜いた」と思われるのではないかと危惧したことです。自分だけの効用を最大化しようとすれば、水を加えるだけのミックスを選ぶはず。それでも人間は、家族など**自分以外の人の目を気にしたり、配慮したりする**（社会的規範）ことが多々あるのです。

実際に家族が手抜きだと考えているかどうかは関係ありません。人間は無意識に、「周囲の目」を気にしてしまうのです。

マーケティング成功事例 2

# 20円の違いなのに、1980円と2000円では天と地の差！

Before

SALE!
Tシャツ
全品 2000円
OOMORI
2000円かあ～…

同じセール商品なのに、2000円と1980円では、人が感じる価格の印象はまるで異なっています。

After

## 20円の差で売上が伸びる理由は?

お店に行くと、980円、1980円、2980円といった、端数かつ最後が「80」で終わる価格の商品があふれているのに気がつきます。不思議に思ったことはありませんか?

同じ商品でも、2000円と1980円とでは、売れ行きがまったく異なるのです。しかし、その差はたった20円。いったいどうしてなのでしょうか?

要因1

## 端数価格

# 桁を1つ少なく感じさせられる魔法の数字「980」！

**一番大きい桁の数字が価格全体の印象を左右**

第一の理由は、私たちは価格を、上の桁の数字から読んでいくからです。1980円という価格でまず目に入ってくる数字は、「1」。本当は2000円に近いのに、私たちの頭には**1000円台という印象が強くインプット**されるのです。また、「イチキュッパ」というゴロの良さは頭に残りやすく、千円札で払うと20円おつりが戻るのもお得感につながります。

安いと感じさせるキリの悪い価格は、「端数価格」と呼ばれます。

要因2

## 威光価格（ヴェブレン効果）

# キリの良い数字は「高い」という印象を与える！

→ P77

### キリの良い数字はプレミアム感を演出する

「イチキュッパ」とは反対に、「50万円」のようなキリの良い価格は「高い」という印象を与えます。これを「威光価格」といいます。

「高い」と感じさせることにはメリットもあります。たとえばブランド品。ブランド品は価格を高くすることで、購入者の**優越感や自己顕示欲をくすぐります**（ヴェブレン効果）。安く感じられては、その効果が下がってしまう。そこでキリの良い数字が選ばれるのです。

威光価格を使うと…
1600万円
50万円
ゴージャス！ほしい!!
ステキ…
ブランド品は売れる！

ブランド品に用いられる威光価格。同じブランド品でも、中古商品の場合は、安さを求める客が多いため、端数価格がつけられます。

# 明治のザ・チョコレートが店頭で人をひきつけるワケ!

## 大ヒットを記録した板チョコの強みとは?

嗜好品の分野においても、行動経済学で説明がつくようなマーケティングの成功例があります。たとえば、明治が2017年から販売している板チョコ、「ザ・チョコレート」。この商品の大きな特徴は、カカオ豆の産地によって複数のライ

ンアップが用意されている点です。コーヒー豆を選ぶようにカカオ豆を選ぶことができるこの商品は、一般的な板チョコの倍近い価格にもかかわらず、発売後およそ1年で3000万枚を売り上げる大ヒットを記録しました。

ヒットの秘密は、カカオの産地によって複数種類を販売したことだけではありません。陳列を意識して目立つパッケージにするなど、消費者目線に立った戦略があったのです。

要因
## フレーミング効果

**他社の製品と徹底的に差別化して特別感を演出！**

→ P62

### 板チョコのジャンルにおいて画期的だった「縦置き」

明治ザ・チョコレートが大ヒット商品となった最も大きな要因は、徹底した差別化でした。

それまでは、横向きに陳列されるのが常識だった板チョココーナーにおいて、パッケージのデザインを縦長にすることによって、縦向きでの陳列を促しました。その結果、横長のチョコレートが並ぶ中、この商品だけが**頭1つ抜けて目立って見えた**のです。

パッケージは、チョコのイメージカラーともいえる焦げ茶色ではなく、淡いベージュ。ポップな配色がSNS人気につながりました。

## パッケージとラインアップでかぶりを避ける

高級感のあるマットな手触りのパッケージにすることで、**特別感を演出**したことは、高価格にマッチするフレーミング効果を働かせることにも成功しました。

さらに消費者の心をくすぐったのが、全8種のラインアップ。一般的に変わり映えのない板チョコというジャンルにおいて、他人との**かぶりを避けられる**（スノッブ効果→P76）ため、バレンタインや誕生日のプレゼントとして、注目されるようになったのです。

8種類用意することで、その中から好みのものを選ばせるように消費者を誘導。他社製品との比較を抑止します。さらに、他人とのかぶりが避けられるので唯一感が生まれ（**スノッブ効果**）、プレゼントとしても選ばれやすくなったのです。

**他にも……**

## レーダーチャートで商品に文脈効果を！

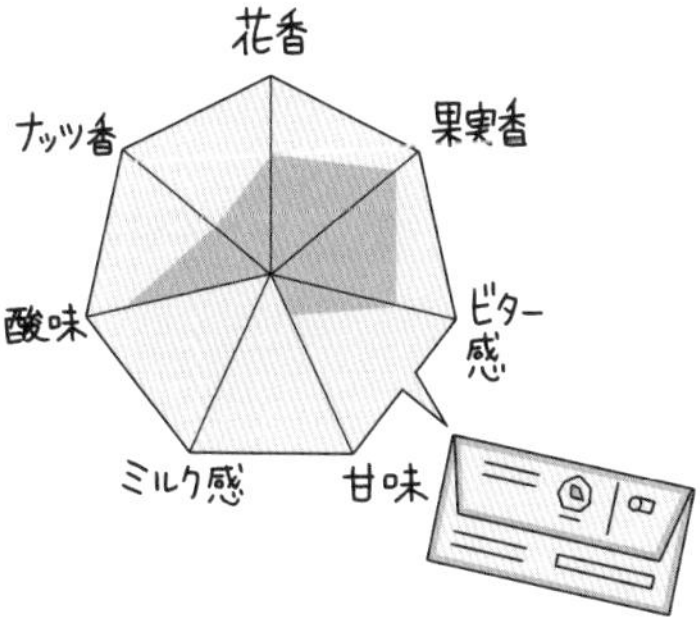


パッケージ裏側には、それぞれのチョコレートの甘さや苦さ、香りといった要素についてのレーダーチャートが。商品のこだわりを伝えることで、「他とは品質が違うから高くても仕方がない」と思わせることができるのです。

マーケティング成功事例 4

# 消費者をひきつけるセブンイレブンの戦略

定期的に「おにぎり100円セール」を開催するセブンイレブン。「2割引」よりお得に感じるのには、理由がありました。

要因1
## フレーミング効果

# 安価なものは割引率よりも価格のほうが安く感じる！

→P62

おにぎりを買うためにスーパーに行くと、「120円の2割引」の表示。一方で、セブンイレブンは「全品100円」でした。さて、訴求力があるのはどちらでしょうか。100円のほうが安いと感じませんか？

その理由は、**100円のほうがイメージしやすい**から。実際にはスーパーで買ったほうが安いのに、2割という数字が価格として認識されにくいため、高く感じてしまうのです。

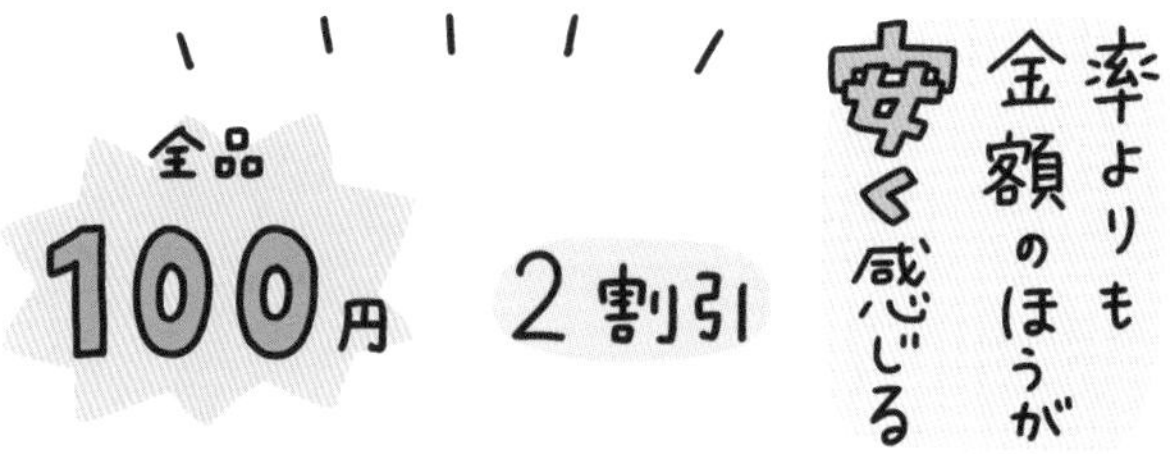


要因2
## 韻踏みの効果（利用可能性ヒューリスティック）

# 語呂の良いフレーズは記憶に残りやすい

「セブンイレブン、いい気分」という、誰もが知っている広告フレーズ。これも、セブンイレブンで買い物をしてしまう要因です。

これは、発音しやすい、理解しやすい、覚えやすいといったジングル（→P39）の一例で、韻踏みの効果があります。要するに私たちの**記憶に残りやすい**。だから、買い物をする時にフレーズが浮かんできてセブンイレブンに行ってしまうというわけです。

# 人をひきつける！魅惑のテレフォンショッピング

なんとなく観ていただけなのに……。いつのまにか、興味津々に画面を見つめている視聴者。紹介される商品が、たとえ他の店舗などで販売されているのと同じものだとしても、「より高品質」で、「よりお得」に感じさせる工夫が、番組の随所に散りばめられているのです。

## 視聴者の視線を奪う番組のからくり

夜遅い時間に何気なくテレビをつけていると、いつのまにかテレフォンショッピングに釘付け、といった経験はありませんか?

パソコンやスマートフォンを使ったネットショッピングが、年配の人々にも一般的になっているこの時代。なぜ、わざわざ電話をして注文する必要のあるテレフォンショッピングの人気が衰えないのか。その理由には視聴者をとりこにする、行動経済学の理論が関係していました。

要因1

## ハロー効果

# 人気タレントへの信頼感が商品の印象を良くする

→ P57

**有名人の力で説得力UP!**

まず、視聴者をひきつける第一の要因が、商品を紹介するタレントの存在です。食べ物の場合、印象が良く、人気者の彼らがおいしそうに商品を食べていると、**彼ら自身の印象に引っ張られて**「おいしそうだ」と感じ、彼らが感激している様子が流れると、それに同調するというわけ。多少、価格が高かったりお得感が少なかったりしても、目をつぶってしまうのです。

ピカーッ
う〜〜ん
おいし〜い!

他にも……

**文脈を作るキャッチフレーズ!**

訳アリ…!
限定カラー!
2000万台突破!!

文脈効果ともいわれるフレーミング効果（→P62）は、ここでも活躍。「訳アリ」や「限定」という表現は、商品の価値を高く感じさせるフレームとなり、視聴者をひきつけるのです。

要因2

## タイムプレッシャー（代表性ヒューリスティック）

# 時間的圧迫感が冷静な判断力を奪う

人間は、**時間のない状況では、考えるプロセスを簡便化し、特徴的な情報だけをとらえて決定する**ヒューリスティックを使います。目立つ情報がポジティブなものであれば、その商品を好意的にとらえるのです。「今から30分限定、1000円引き」といった場合、視聴者は時間的な圧迫感を受け、本当に必要かどうかなど、細かく検証することなく判断してしまうのです。

要因3

## アンカリング効果

# 基準となる価格を提示してより安く感じさせる

→P65

アンカリングを活用した値下げの見せ方も要因の1つ。たとえば、1980円の商品を売る場合を考えましょう。この場合、はじめから「今だけ1980円！」と大々的にアピールするよりも、番組の中で2回か3回に分けて、徐々に値下げしていったほうが、視聴者は購買意欲をかき立てられます。これは、**値下げ前の金額を提示することによって、その価格がアンカーとなる**から。特に、新商品や限定商品の場合は、普段なじみがありません。価格の基準を持っていないため、最初に見た金額を、妥当なものであると鵜呑みにしてしまうのです。

マーケティング成功事例 6

# ダイエット事業を大成功させた仕組みとは

今なら一週間
無料でーす！
○×
ジム
やせなかったら
全額返金
します!!
損しない
なら、やって
みようかな…
OOMORI

「結果が出なければ全額返金!」と謳うダイエット事業。「結果が出なくても金銭的な損はしない」と感じることで、入会しやすくなります。

要因1
## 返報性
# 親切に応えようとする「返報性」による行動
→ P79

専任のトレーナーがつき、励ましながら二人三脚でダイエットに取り組むプログラム。ここに事業が成功する理由の1つがあります。

人は、他人が自分のために何かをしてくれた時、お返しをしたいという「返報性」の心理が生じるのです。そのため、**結果を出してトレーナーの労力に報いたい**と考え、頑張ろうとするのです。

あと10回!!
プルプル
つきっきりで見ててくれてる…
頑張るぞ!

要因2
## サンクコスト効果
# やめようと思わなくなる2つの理由
→ P61

「**せっかく始めたからには続けないと損をする**」と考える、サンクコスト効果も働きます。それだけでなく、返金保証の期間中（30日間）に、継続してダイエットのプログラムに取り組むことで、30日間行ったことが普通となり、その現状を維持し続けたくなる性質が人間にはあります（**現状維持バイアス**）。

これらの要因によって、結局は成果が出るまで取り組み続けることになるのです。

30日間全額返金保証
じゃあやってみようかな…
30日後
せっかくだからもう少し続けよう!
人は変化よりも現状維持を望む!

マーケティング成功事例 7

# クラウドファンディングが大金を集めやすいワケ

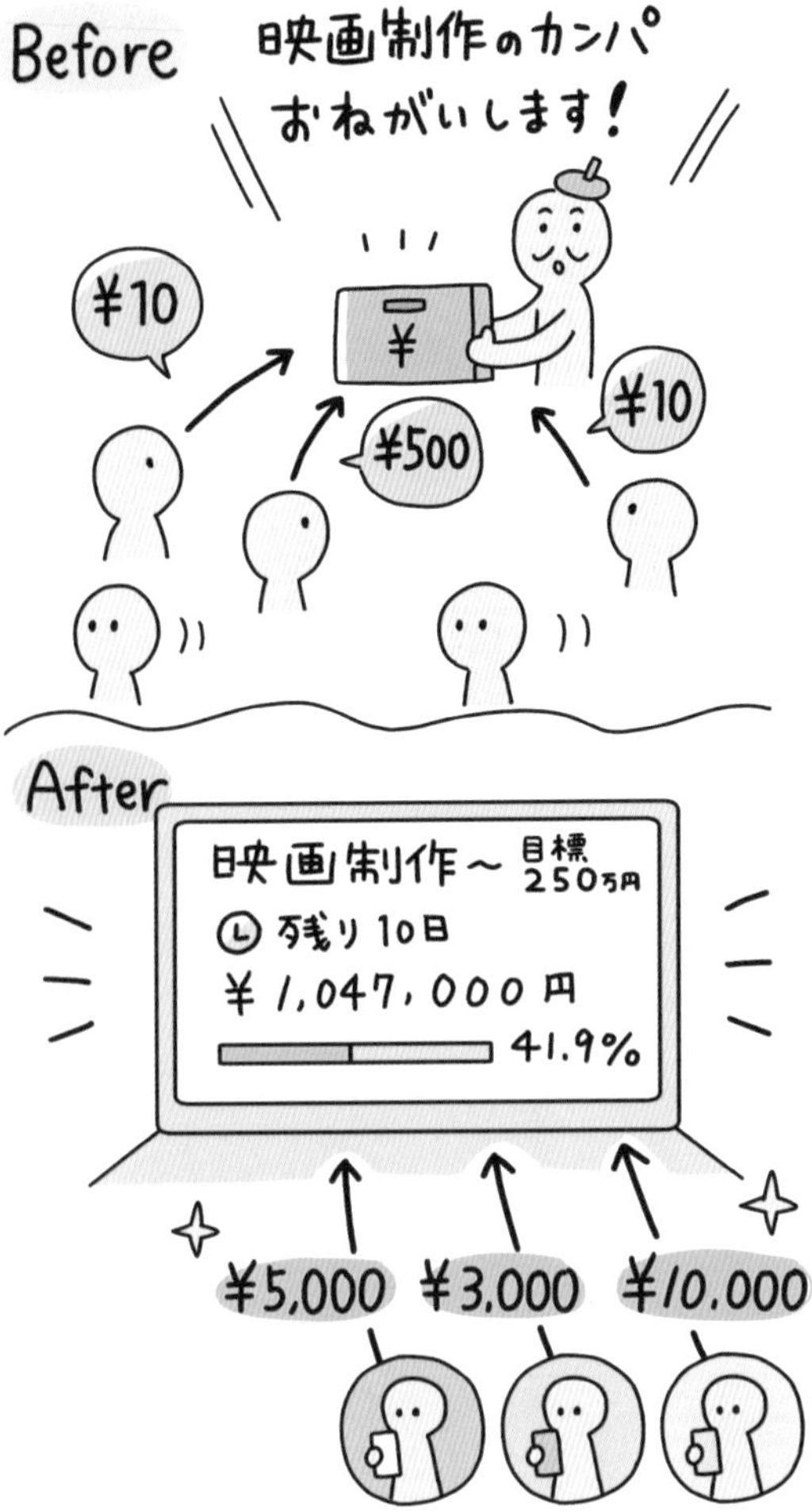
Before
映画制作のカンパ
おねがいします！
¥10
¥
¥500
¥10
After
映画制作～
目標
250万円
残り 10日
¥ 1,047,000 円
41.9%
¥5,000
¥3,000
¥10,000

将来性のある商品やサービスに投資して開発を手助けするクラウドファンディング。希望金額を超えた支援が集まることもしばしば。一体どのようなメカニズムが働くのでしょうか？

要因1
## 同調効果
# 他人の支援額が見えるため それに同調してしまう

→ P77

大多数と同じ行動を取ることで安心を得る――人はそういう傾向を持っています。近年のハロウィンの盛り上がりはそれが大きな理由でしょう。**1人でいるのは不安なので、周囲の動きに同調**するのです。

クラウドファンディングでも、刻々と金額が増えていくのを見ると、自分だけ参加しないのは不安になる。多くの人がそう思うため、お金がたくさん集まるのです。

みんなこんなに払ってるの!?
残り10日
¥1,047,000円
41.9%

要因2
## 利他性
# 社会貢献している感覚が投資のハードルを下げる

→ P81

通常の投資はリターンを期待しますが、「クラウドファンディングは単なる投資ではない」と多くの人が考えています。**出資することが「困っている人を助ける」ことになると考え**、見返りがなくても支援金が集まります。

経済学的には非合理ですが、人は「利他性」の行動を取るのです。

力になりたい!
本格的な映画を制作したいです!
○×大学 映像研究会

マーケティング成功事例 8

# ネガティブなキャッチコピーが購買意欲をそそる理由

Before
スゴい
除菌効果!!
フーッ
After
まな板には
菌が
ウヨウヨ!!
ウチも
何とかしないと!

CMや新聞広告を見ていると、商品そのものの良さよりも、商品を使わないことの危険性をアピールするものが多いことに気がつきます。どうしてそのような手法を用いるのでしょうか?

要因1

## 損失回避性

# ネガティブな情報を与えて損を感じさせる

→ P84

私たちは、ポジティブな情報より、ネガティブな情報に注意を向け、記憶にとどめがち。これは、「損失はできるだけ回避したい」という性質と強く結びついています。

そもそも必要以上に商品に期待させてしまうと、結果に満足しなかった時の不満も大きくなる。そこで売る側は、**消費者の恐怖心を煽ることで商品の必要性をアピール**しようとするのです。

あなたの家も倒壊の恐れがあるかも…
えっ怖い！
○×リフォーム

要因2

## スポットライト効果

# 「自分のことだ！」と思うと危機感は倍増する

自分が興味のあることは、選択的知覚（→P40）で認識します。とりわけ脱毛や薄毛、デオドラントなどの分野ではネガティブな表現が効果的で、これは人間が、**他人から向けられる関心の大きさを過大評価する**からです。

これは「スポットライト効果」と呼ばれるもので、「思っている以上に周囲はあなたのことを気にしていますよ」と言われると、恐怖は増幅します。

ガーン
体毛が濃い人ってちょっと苦手で…
○×脱毛クリーム

第5章

行動経済学の目玉！

# ナッジ理論

この章では、行動経済学で近年注目されている、「ナッジ」について紹介します。ナッジとは、「ヒジで軽く小突くように、自発的に望ましい行動を選択するように促す」ことです。ナッジを使うことで、相手に強制することなく、望ましい行動を取らせることができます。第1章14ページのスーパーのマークもその1つ。その他、大手企業や厚生労働省も実践している、実用性の高い理論です。本章に入る前に、134ページでナッジの代表的な用語「デフォルト」などを確認しておきましょう。

Before

税金を滞納している人の手元に督促状が届いているのに、なかなか納税しようとしません。

ナッジを活用すると…

After

督促状の文面を変えたところ、渋っていた滞納者が、納税に対して少し前向きに考えるようになりました。

用語解説

# #デフォルト

## 選んでほしいほうを選びやすくする

選択の自由がある場合に、**あらかじめ選ばせたい選択肢を初期設定にすることをデフォルトといいます。**たとえば、WEBサイトなどの会員登録をする画面で、「メルマガを受信する」にチェックが入っていたり、携帯会社でプランを選ぶ際、勝手にオプションが付いていたりするものです。

人間は、情報が多いと考えるのをやめ、ヒューリスティックを使う傾向があります。長い文章や、多くの選択肢がある状態では、あまり考えない。つまり、もともとの選択肢を変更しにくいため、あらかじめ選択されたものを選んでしまうのです。

### オプト・インとオプト・アウト

同意するかどうかを選択する場面は、オプト・インとオプト・アウトの２種類に分けられます。オプト・インとは、選ぶ人が自分の手で同意する項目にチェックを入れる形式です。一方で、オプト・アウトではもとからチェックが入っている項目に対して、同意しない場合にチェックを外します。

用語解説

## #保有効果

### ものや状態を手放したくない心理

自分の持っているものに実際よりも高い価値を感じることを保有効果といいます。これには、86ページで解説した損失回避性が関連しています。保有しているものを失うことは「損」を感じるため、なかったものを得る「得」よりも、心理的インパクトが大きいのです。

保有効果は、**実際に手にしていないものに対しても働くことがあります**。たとえば、ネットオークション。一度でも入札することで、あたかも自分がその商品の所有者であるかのような心境になり、他人が価格を更新すると、さらに高額で入札して、手放そうとしないのです。

保有効果を検証した実験

Q マグカップを売る(買う)としたらいくらぐらい?
マグカップをもらったグループ
マグカップをもらっていないグループ
7.12ドル
2.87ドル
☆ 一度でも自分のものになると
→ 感じる価値は2倍以上に!!

**Nudge Theory**

**1**

# 社員食堂のひと工夫！
# デフォルトで従業員が健康に！

グーグルの例

カツ丼 ¥700
カレー ¥600
ラーメン ¥550
サラダ 各¥200
今日も カレーに しよう!!

ディスプレイに並んだサンプルからメニューを選ぶような一般的な社員食堂では、どうしても好物を選んでしまいがち。特に、利用可能性ヒューリスティックが働くと、人はいつも注文しているなじみのあるメニューに手を伸ばします。

## 「野菜を取る」を当たり前に

ナッジを応用した施策を積極的に取り入れている世界的な企業が、グーグル社です。同社は、社員食堂でナッジを活用して、従業員の健康促進に成功しました。まず、食堂の一番目立つ位置に、サラダを配置。そうすることで、**「野菜を取るのが当たり前」という、デフォルトの状態を作り出しました。**

しかも、同社の食堂は無料のバイキング形式。食堂を利用する従業員には、「タダだからいっぱい取らないと損」という感情が生まれ、皿いっぱいにサラダを盛り付けるようになったのだといいます。

サラダを
一番目立つ
位置に配置して
#デフォルトに

たくさんサラダを盛り付けた皿は、肉料理のコーナーにたどり着く頃にはすでに満杯。それを狙って、皿のサイズも一般的なバイキングで使用されるものより一回り小さくしているのだとか。それだけでなく、肉料理のサイズもデフォルトとして小さくすることで、「このサイズが当たり前」と思い込ませているのです。

Nudge Theory

2

## 同意か拒否かを迫る時

# デフォルトで同意の割合が格段にアップ！

### 臓器提供の意思表示

オーストリアでは、免許証の裏面で、臓器提供に同意する人にサインを求める形式を採用していました。しかし、サインすることを面倒だと思う人が多かったため、臓器提供の同意はあまり集まりませんでした。

## 「同意する」を標準に設定

オーストリアでは、免許証や健康保険証の裏面にある臓器提供の意思表示にも、ナッジが活用されています。もともとは同意する人にサインをさせる形式でしたが、**「同意する」をデフォルトにして、同意しない人にのみサインを求める形に。**わざわざサインをするのは面倒であるため、同意する人が多くなりました。

さらに、「提供したくない臓器」の項目をたくさん掲載することで、情報過多の状態に。人間は情報が多すぎるとヒューリスティックを使いがちになるため、サインして提供を拒否することの抑止につながるのです。

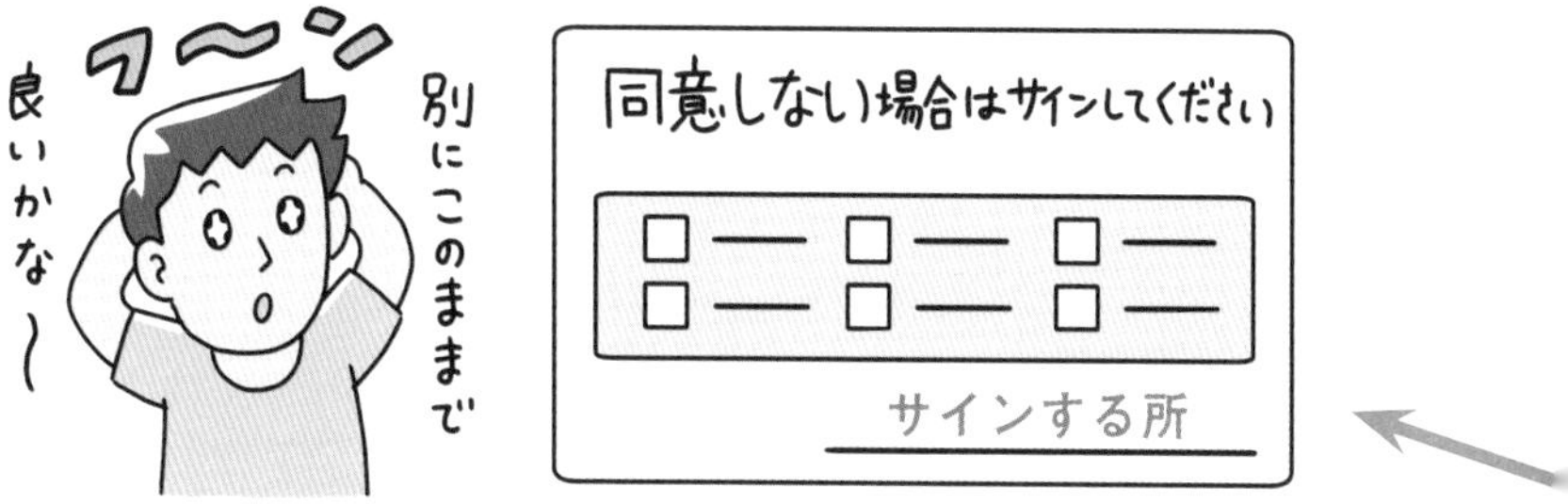


「同意する」をデフォルトにすることでサインを抑止しています。

さらに、選択肢が増えることで認識する情報が多くなると、人間は深く考えることをやめるため、サインするという行為の抑止になります。

Nudge Theory

3

# ＼期限に遅れがちな部下が／

# フレーミング効果で締め切りを守るようになった！

ある企業の例

了解です！
1ヵ月後に
提出してください

締め切り直前

全然
終わらない！
先延ばし
(#現在バイアス)

## 言い方を変えて先延ばし防止

部下や同僚に仕事を頼む時、「1ヵ月後に提出してください」と言っても、現在バイアスが働いて、先延ばしにされてしまいます。その結果、期限を過ぎて提出してくることも。これもナッジを利用すれば解決できるかもしれません。

たとえば、「1ヵ月」を「4週間」と言い換えることで、単位が小さくなり、期限がより近く感じます。さらに1週間ごとに提出を求めれば、受け手側はその業務を**目先のタスクとして認識するため、現在バイアスが働き先延ばしを防ぐことができる**のです。

○月×日までに提出してください。
4週間しかないけど
4週間しかないのか…。早めにやろう
#フレーミング効果で伝え方を工夫する（→ P62）
単位を変えるだけでなく、日付を提示することで締め切りを具体的にイメージさせています。
1週間ごとに4回提出してください
さっそく取り掛からないと間に合わないな…
期限を区切って#現在バイアスを働かせる（→ P73）
期限をより近くに感じることで、その仕事の優先順位が上がります。

# ＼通知書が無視されていたがん検診／
# カクテルパーティー効果で受診者が増加！

ある市町村の例

なんかよく
わからない…
がん検診の
お知らせ
ぎっしり…
対象者
受診者には 検査キットを
お送りします
先延ばし
(#現在バイアス)

## 「自分事」化させる工夫

　ナッジは公的な文書でも活用されています。ある市町村では、住民に対して送付するがん検診のお知らせで、**カクテルパーティー効果を利用して、受け手に、自身が対象者であることを自覚させています。**「あなたに」や「大切な」といった文言を盛り込むことで、自分事化させ、他の郵便物の中に埋もれるのを防ぎます。
　また「検査キットをお送りできなくなります」の文面は、すでに受け手がキットを保有している印象を与えられます。保有効果が働き、損をしたくないという思いが受診につながったのです。

手紙に「あなた」という文言があると、人間の目には自然と情報が入ってきます。

#カクテルパーティー効果で自分事化させる（→ P41）

さらに…

#保有効果が働いて受診者が増える（→ P135）

今持っているものがなくなるわけではありませんが、言い方１つで、損をしているような気にさせることができるのです。

Nudge Theory

5

＼ 税金滞納者の多い自治体でも ／

# 社会的選好を応用すると納税率が向上！

イギリスの例

## 「他人」を意識させる

イギリスでは、ナッジを利用したことで、納税率が上昇した例も報告されています。納付期限を超過していても納税しない市民に対し、役所は督促状を送りますが、なかなか納税率は上がりませんでした。そこで役所は、単に納付をお願いするのではなく、実際にどのように税金が使われるかを通知書に明示。**対象者の利他性をくすぐり、「役に立ちたい」と思わせた**のです。

さらに通知書には、ほとんどの人が期限内に納付している事実を記載。他人と同じ行動を取ろうとする同調効果によって、対象者の納付を促しました。

納税が役に立っていることを明示して
#利他性を刺激
（→ P81）

実際に税金の使い道を目の当たりにすると、納税によって社会の役に立つことができると感じ、前向きに納税を考えるようになります。

他人の例を出すと
#同調効果が働く
（→ P77）

深く考えることをやめて、「なんとなく」周囲と同じ行動を取ろうとする心理が働いています。

Nudge Theory

6

## ＼灰皿をアレンジした結果／

# 同調効果で タバコのポイ捨てが激減！

イギリスの喫煙所

みんなやってるし
いいでしょ？

みんながやっているから問題ない――。同調効果が働くと、人は熟慮しての選択を怠ります。その結果、間違ったことをしているにもかかわらず、周囲の人と同じ行動を取ってしまうことがあるのです。

## プラス方向の同調を誘発

あるイギリスのNPO団体が、ロンドンの街からタバコのポイ捨てをなくすため、同調効果を利用した例があります。

彼らは灰皿を投票箱にしました。投入口を2つに分け、「どちらのチームが好き?」という文言とともに、それぞれの箱に別々の有名サッカーチームの名前を記載したのです。すると、**喫煙者が箱にタバコの吸い殻を入れて投票を始めました。**それを見た人が次から次へと後に続き、投票は加速。数日経った頃には、タバコをポイ捨てする人はほとんどいなくなっていたといいます。

#同調効果が働いて投票が増える（→ P77）

この施策には、同調効果の他に、**#カクテルパーティー効果（→ P41）**も活用されています。人は興味のある話題ほど目に入りやすい傾向があるため、より多くの人の関心を引くようなテーマが理想的です。イギリスはサッカー大国ですから、上記のテーマが適していたのでしょう。

第6章

ビジネスで役立つ!

# 行動経済学の応用法

この章では、これまで紹介してきた行動経済学の理論を、実生活に応用する例を紹介します。面倒事を同僚に手伝ってほしい時や、一度断られた相手を再説得する時など、使えるシーンはさまざまです。他にも、第5章で紹介したナッジを自分に使うことで、読書の習慣をつけられたり、ダイエットや禁煙に成功できたり。行動経済学の理論は、ビジネスシーンで役に立つのはもちろん、プライベートの充実のためにも使えます。

食べ過ぎを防いだり…

ピチィィーン
!
こ、これ以上
食べたらマズい…!

資格取得に近づいたり…

GOAL!
1日1時間
机に向かう
まずは
あのゴールを
目指すぞ!

CASE 1

# 取引を有利に進めたい

○×エージェントの田中っス〜
……
不安…
ダラ〜〜
えーっとその書類は…アレ？
ゴチャ〜ッ
うわーっ

寝癖にひげ面、だらしないTシャツ姿で挨拶したうえに、その後の手際も最悪。これでは相手からの信頼を得ることはできません。

## 方法1 初頭効果を利用する（→P50）

ビジネスにおいて、第一印象が大切だとよくいわれます。初頭効果によって、人間は、**初めに感じた印象にその後も影響**を受けます。つまり、第一印象さえ良ければ、そのイメージがプラスに働いて、ちょっとしたミスならカバーできる可能性もあるのです。身だしなみを整えて、相手に「信用できる人だ」という印象を与えましょう。

ハキハキ！
○×エージェントの田中と申します！
しっかりしてそうな人だな…
ホッ…

## 方法2 ピークエンドの法則を忘れずに退席する（→P51）

会話の終わり方も、第一印象と同様に重要です。人間は、過去の出来事を思い出す時、**最も盛り上がった時点の感情**と、**最後の印象**によってその出来事を評価します。つまり、商談の最後に最も盛り上がる話をすれば、相手はその商談を思い出す際、「とても盛り上がった」と評価し、良い印象を残すことができるのです。

ワイワイ
ワイワイ
では私はコレで！
ハイ！
もっと話したかったな…

CASE 2

# こちらに都合の良い選択をしてもらう

上司から難しい商談を成功させるように言われたセールスマン。取引先にこちらの望む選択をさせるためには何ができるのでしょうか？

## 方法1 極端の回避効果で選択を誘導（→P67）

取引先に選択を迫る際、思い通りのものに誘導したい時には、**おとり（極端の回避）**効果を活用できます。選択肢の中に**おとりの選択肢を混ぜることで、選ばせたい選択肢の評価が相対的に高くなる**のです。また、どちらかを〝選ぶ〟という状況に相手を誘導することで、取引自体をやめるという選択の抑止にも一役買っています。

## 方法2 ハッタリで損失回避性に訴えかける（→P86）

どうしてもこちらの要望を通したい場合は、最終手段としてハッタリを用意するのも手。「要望を通してくれないと**損をしますよ**」と暗に伝えることによって、相手の**損失回避性**に働きかけます。むやみな悪用は禁物ですが、損は得よりも大きく感じるため、相手が迷っている場合は最後のひと押しとして有効です。

CASE

3

# 面倒な仕事を同僚に手伝ってほしい

突然降り掛かかってきた膨大な量の仕事。同僚にも手伝ってほしい状況ですが、どのように頼めば断られるリスクを減らせるでしょうか。

## 方法1 アンカリング効果で負担を少なく見せる （→P65）

上司から任された仕事を同僚にも手伝ってほしい。そんな時、活用したいのが**アンカリング効果**です。自分が請け負う大量の仕事をまず相手に示すと、それがアンカーとなって、その一部をお願いすれば、相手は頼まれた分の仕事を少なく感じ、引き受けてくれる確率が高くなります。

## 方法2 ハーディング効果で同調を促す （→P77）

他にも、周囲のみんなに同調するよう促すのも効果的。人は「みんながやっているのに自分だけ…」という状況には不安を感じるため、「君にも」と一言添えて仕事をお願いすると快く受け入れてくれるはずです。**同調効果**と同様に、集団から外れたくないという心理が働くことを**ハーディング効果**といいます。

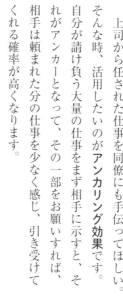

CASE 4

# 一度断られた相手からYESをもぎ取りたい！

どうしても取引を成立させたい相手に断られてしまった。そんな時にも、行動経済学の考え方を応用すれば解決に近づくかもしれません。

## 方法1 単純接触効果で印象を良くする

一度、取引を断られた営業先に対して効果的な作戦はいたってシンプル。**何度も接触を試みること。**メールやDMを送るのはもちろん、直接会いに行くことで、**単純接触効果**が働き、親近感を覚えるのです。人は接触回数が増えると相手に好感を持つためです。

## 方法2 数字を示して同調効果を狙う（→P77）

**同調効果**を用いて他人と足並みを揃えさせるのも良いかもしれません。単に「みなさんお選びいただいています」と言うだけでも効果はありますが、**具体的に◯%といった数字を提示できるとより効果的**です。

＼ 自分をナッジする！ ／

# なりたい自分になるために❶

GOAL 1

## 健康な体になる

ダイエットのためにケーキを我慢したり、ジムに通ったり。でも続かない、なりたい自分に近づけない。このようなことは、誰しもが経験したことがあるでしょう。「自分の行動をコントロールすること」は、人生における究極の課題。そこで試してほしいのが、第5章でも紹介したナッジの応用。環境を整えることによって、自然に行動できるようにすることが、目標達成への近道です。

### 課題1 痩せたいのに食べ過ぎてしまう

#### 解決策1 デメリットを見える化する

ダイエット中なのに、夜遅くにスイーツを買って帰ってしまったり、お酒を飲んだ後にラーメン屋さんに入ってしまったりすること、ありますよね。そんな時にオススメしたいのが、あえて**ワンサイズ小さい服を着る**こと。常にほど良い圧迫感がかかるため、太ることへの危機感をありありと感じて、食の誘惑にも負けにくくなるはずです。

## 課題2 禁煙したいのにタバコを我慢できない

### 解決策2 環境を整える

すぐに手が届くところにタバコがある――。そんな状況では誘惑に勝つほうが難しいというもの。まずは買い置きをしない。そして、**取り出すのが面倒な状態をつくり**、簡単には吸えないようにする必要があります。届きにくい状況をつくることができれば、無意識に手を伸ばすことはなくなります。

タバコ吸いたいけど
家に無いから
いっか～
買いに行くのも
メンドーだし

## 課題3 運動の習慣をつけられない

### 解決策3 SNSを利用する

ジョギングをはじめようと思っても億劫でなかなか実行できない、一度走っても三日坊主で終わってしまう。そんな時は、**SNSなどで友人に報告**するのも有効な手段。「明日走ります」「今日走りました」など、あえて周囲に向けて発信することで、「言ったからにはやらなきゃ」「また報告するために走らなければ」という意識が働きます。

ピロロン！
○×さんに
"いいね"
されました！
○○○○@△△□
今日も5km走りました！
2 5 13
1日前
○○○○@△△□
今日は4km走った～
3 4 1

\ 自分をナッジする！ /

# なりたい自分になるために❷

GOAL❷

## ビジネススキルを上げる

自分をコントロールする――。人生究極の課題はどこでもつきまといます。資格を取りたい、出世したいといった願いを持っていても、人間が目先の楽しいことやラクなことに気を取られてしまうのは十分理解できたはず。ビジネスシーンで自分をナッジする方法を身につけて、理想の自分に近づきましょう。

### 課題1 資格の勉強がはかどらない

#### 方法1 小さな目標をつくる

資格の勉強をしようとしても、合格という最終的なゴールがはるか先にあるように感じて嫌になってしまうもの。「**1日1時間机に向かう**」のような、少しだけ頑張ればできることを目先のゴールに設定してみてください。日々、小さな目標を着実にこなせば、その達成感が大きな目標の達成へつながります。

GOAL！
1日1時間
机に向かう
まずは
あのゴールを
目指すぞ！

## 課題2 読書の習慣をつけられない

### 方法2 ペナルティを宣言する

読書の習慣をつけたい時は、できなかった場合の罰を設けて友人に誓約するのも1つの手です。たとえば、「1ヵ月で4冊読み切れなかったら**焼肉をご馳走する**」「1日1ページ読む習慣が途絶えたら**1万円募金する**」など、目標とペナルティを宣言しましょう。友人と罰、両方のことを意識するようになり、やる気が湧いてくるはずです。

今月中に4冊読書
できなかったら・・・
焼肉
おごるよ！
バッ！
え？
いいの？
もう月末
だよ？


## 課題3 仕事へのモチベーションが湧かない

### 方法3 ご褒美を用意する

どうしてもやる気が出ない時は、目標をクリアできた時のご褒美を先に決めておくのも良いでしょう。「昇進できたら**世界一周旅行**」「インセンティブを受け取れたら**欲しかった時計を買う**」など、頑張る動機を自らつくってみてください。今は苦しく感じても大きな楽しみが先にあるということで、モチベーションも高まってくるはずです。

世界一周旅行
チケット
自分へのご褒美
よ〜し
がんばるぞ！
バリバリ！

# 用語集

本書に登場する
用語について、
意味を理解しておきましょう。
該当ページの解説では、
より詳しく紹介しています。

## あ行

**アンカリング効果**……55・65・125・155ページ
提示された数値や情報がアンカー（錨＝刺激）となって、それに影響を受けて判断してしまうこと。

**イケア効果**……110ページ
自分が苦労して手を加えたものに対して愛着を抱き、実際の価格以上に価値を感じる現象。

**威光価格**……115ページ
ブランド品などで、ステータスの高さを消費者に感じさせることのできる高い価格。50万円などのキリの良い価格がプレミア感を演出する。

**韻踏みの効果**……121ページ
語呂の良いフレーズは印象に残りやすいという現象。

**ヴェブレン効果**……77・115ページ
高い価格やブランドのイメージで消費者の自己顕示欲がくすぐられて需要が増加する現象。

**おとり効果**……67・153ページ
選択肢の中におとりとなるような選択肢を混ぜることで、他の選択肢の評価が上がること。

## か行

**解釈レベル理論**……102～105ページ
対象や出来事に対する心理的距離の遠近が評価に影響するという理論。心理的距離が遠い場合は本質的な解釈（高次解釈）をする一方、近い場合は副次的な解釈（低次解釈）をする。

**確証バイアス**……54ページ
選択的知覚による偏った情報をもとに都合良く判断してしまうこと。

**カクテルパーティー効果**……41・68・142・147ページ
いろいろな人が会話をしている喧騒の中でも相手の話だけを聞き取ることができる現象。選択的知覚の1つ。

**確率加重関数**……83・94~97ページ
確率に対する主観的な感じ方を表したもの。低い確率ほど過大評価する一方で、高い確率は過小評価する傾向がある。

**価値関数**……83・84~89ページ
損得に対する主観的な感じ方を表したもの。損得は参照点を基準に判断され、人は得よりも損を大きく感じやすい。利益を得る状況下ではリスク回避的になるが、損失の状況下ではリスク志向的になる。

**期待値**……84ページ
ある試行を行って得られる値に、その結果が起こる可能性（%）をかけ合わせたもの。

**極端の回避効果**……66・153ページ
極端なものを回避するという傾向。選択肢が3つあると真ん中が選ばれやすくなる。

**現在バイアス**……72・105・140~142ページ
未来にある満足よりも、目の前の満足を優先させてしまうという心理傾向。

**現状維持バイアス**……127ページ
変化よりも現状を維持することを望む傾向のこと。

**互恵性**……79ページ
相手からの見返りを期待し、他人に親切にする性質のこと。

## さ行

**固着性ヒューリスティック**……52~67ページ
頭の中で基準となっている数値や情報に強く影響を受けて判断してしまう意思決定プロセス。

**コントラスト効果**……93ページ
前後との対比によって商品などの印象が変わる心理現象。

**サンクコスト効果**……60・61・127ページ
すでに投入して回収できない費用（サンクコスト）を無駄にしたくないという思いから、損することがわかっていてもやめられなくなってしまうこと。コンコルド効果ともいう。

**参照点**……87・90～93ページ
プロスペクト理論において、損失か利得かの判断を分ける基準点のこと。

**時間的選好**……68～73ページ
人は将来よりも現在を重視する傾向があること。

**時間割引**……103・104ページ
将来に発生する事象の現在の価値は割り引いて換算されること。

**システマティック**……30ページ
情報を集めてじっくり検討する思考タイプのこと。

**社会的規範**……111ページ
共同体に属するうえでのルールやマナー。合理性より優先されることがある。

**社会的選好**……69・74～81・144ページ
人は自分の利益だけでなく、他者の利益や言動も考慮するという考え方。

**少数の法則**……44ページ
サンプル数が少なく極端な結果が出やすいデータに基づいて、主観的に法則を見出してしまうこと。

**情報過多**……34・139ページ
システマティックに判断するには情報が多すぎる状態のこと。

**初頭効果**……50・151ページ
最初の印象にその後も影響を受けること。

**ステレオタイプ**……49ページ
対象に対して、所属するグループの典型的な例に基づいてつくられたイメージ。

**スノッブ効果**……76・119ページ
「他人と同じものは嫌」という心理が働き、希少なものほど購入意欲が高まる現象。同調効果の逆。

**スポットライト効果**……131ページ
実際よりも自分が注目されていると錯覚してしまう現象。

**選好の逆転**……105ページ
ある2つの物事に対する評価や

選択が、文脈に左右されて逆転すること。

**選択的知覚**……40・131ページ
自分が興味のある情報だけを選び取って認識すること。

**損失回避性**……86・131・135・153ページ
同じ金額であれば、人は損を得の2.25倍重く感じるため、得を追うより損を回避しようとすること。

## た行

**代表性ヒューリスティック**……42〜51ページ
代表的（典型的）なものだけを見て、全体もそうであると直感的に判断する意思決定プロセス。

**タイムプレッシャー**……125ページ
時間制限を設けること。人は時間のない状況下では、ヒューリスティックを使う。

**単純接触効果**……157ページ
同じものに何度も触れることで、好印象を持つようになること。

**デフォルト**……134・136〜139ページ
はじめから設定されているものや状態。提示しておくことで、その選択を促しやすくなる。

**同調効果**……77・129・145・146・155・157ページ
大多数の人と同じ行動を取ることで、安心感を得るという現象。バンドワゴン効果（P77）、ハーディング効果（P155）と同じ。

## な行

**ナッジ**……132〜147・158〜161ページ
ヒジで軽く小突くように、自発的に望ましい行動を選択するように促すこと。

**二重過程理論**……31ページ
人は情報処理に、直感型のヒューリスティックと、熟考型のシステマティックの、2つのタイプを使い分けるという理論。

## は行

**バイアス**……35ページ
ヒューリスティックを用いた場合に起こることがある、偏った考え方のこと。

**ハウスマネー効果**……101ページ
人は苦労して得たお金よりも、運良く手にしたあぶく銭のほうを浪費しやすい傾向があること。

**端数価格**……114ページ
1000円や2000円といったキリの良い数字に比べて安く感じる、980円や1980円といった端数の価格。

**ハロー効果**……57・68・124ページ
目立ちやすい特徴に引きずられて、他の特徴についての正確な評価を怠ってしまう現象。

**ピークエンドの法則**……51・151ページ
ピーク（絶頂時）とエンド（最後）が全体に対する印象として残りやすいという理論。

**ヒューリスティック**……27・28〜81ページ
効率よく情報を処理するための単純化された意思決定プロセス。時間をかけずにある程度満足できる解を出せるが、バイアスを引き起こすこともある。

**プラシーボ効果**……59・68ページ
偽薬（プラシーボ）でも、それを患者が有効な薬だと信じて服用すると、症状が改善する現象。

**フレーミング効果**……55・62・118・121・124・141ページ
表現の仕方（文脈）が変わることで評価や判断も変わること。文脈効果とも。

**プロスペクト理論**……82〜101ページ
意思決定は、編集段階と評価段階の2段階によってなされるという理論。前処理ともいわれる編集段階で、まず選択肢を認識して参照点（基準点）が決まる。その後の評価段階では、価値関数によって損得を、確率加重関数によって確率をそれぞれ計算。その結果によって行動が決定される。

**平均への回帰**……46ページ
偏った結果が出た後には、より平均に近い結果が出るという統計的現象。

**返報性**……79・127ページ
他人が自分のために何かをして

くれた時に、お返しをしたいと思う性質。社会的選好の1つ。

**ホモ・エコノミカス**……20ページ
伝統的な経済学が想定した、経済社会における一般的人間像。超利己的・超合理的・超自制的に意思決定する。

**保有効果**……135・143ページ
自分の持っているものに実際よりも高い価値を感じること。

## ま行

**前処理**……83・98〜101ページ
プロスペクト理論において、状況を評価する段階のこと。参照点が決まり、その後の意思決定に影響を与える。編集段階と同じ。

**メンタルアカウンティング**……100ページ
人は無意識のうちに頭の中で出費を複数の口座に分けており、それぞれの口座の中で費用対効果が最大になるようにやりくりしているという考え方。

## ら行

**リスク回避的**……88ページ
同じ期待値であれば確実性を好む選択をする傾向があること。プロスペクト理論では、利得のある状況でこのようにふるまう。

**リスク志向的**……89ページ
同じ期待値であればリスクを好む選択をする傾向があること。プロスペクト理論では、損失のある状況でこのようにふるまう。

**利他性**……80・129・145ページ
見返りを求めずに、相手の効用が高まることに純粋に喜びを感じる性質。社会的選好の1つ。

**利用可能性ヒューリスティック**……36〜41ページ
なじみのあるものの頻度や確率を過大評価してしまう意思決定プロセスのこと。

**阿部誠**（あべ・まこと）

東京大学大学院経済学研究科・経済学部教授。1991年マサチューセッツ工科大学博士号（Ph.D.）取得後、2004年から現職。ノーベル経済学賞受賞者との共著も含めて、マーケティング学術雑誌に論文を多数掲載。行動経済学の研究対象である人間の知覚バイアスや選好逆転に着目し、計量・統計モデルを用いて得られた分析結果をマーケティングに応用する研究を行っている。2003年にJournal of Marketing Educationからアジア太平洋地域の大学のマーケティング研究者第1位に選ばれる。主な著書に『大学4年間のマーケティングが10時間でざっと学べる』『東大教授が教えるヤバいマーケティング』（共にKADOKAWA）、共著書に『（新版）マーケティング・サイエンス入門：市場対応の科学的マネジメント』（有斐閣）などがある。



サクッとわかる ビジネス教養　行動経済学

2021年3月25日　初版発行
2024年3月15日　第17刷発行

監修者　阿部　誠
発行者　富永靖弘
印刷所　公和印刷株式会社

発行所　東京都台東区台東2丁目24　株式会社　新星出版社
〒110-0016　☎03(3831)0743



ISBN978-4-405-12011-2